中国字·天下事
新编说文解字

总编 陈平
主编 庄婧

北京大学出版社

图书在版编目（CIP）数据

中国字·天下事：新编说文解字 / 庄婧主编. —北京： 北京大学出版社，2011.3
 ISBN 978-7-301-17648-1

Ⅰ.中… Ⅱ.庄… Ⅲ.汉字 – 通俗读物 Ⅳ.H12-49

中国版本图书馆CIP数据核字（2010）第161254号

书　　　名：中国字·天下事：新编说文解字
著作责任者：庄　婧　主编
责 任 编 辑：刘　正
标 准 书 号：ISBN 978-7-301-17648-1/H·2616
出 版 发 行：北京大学出版社
地　　　址：北京市海淀区成府路205号　100871
网　　　址：http://www.pup.cn
电 子 信 箱：lozei@126.com
电　　　话：邮购部 62752015　发行部 62750672　编辑部 62753334　出版部 62754962
印　刷　者：北京飞达印刷有限责任公司
经　销　者：新华书店
　　　　　　787毫米×980毫米　16开本　13印张　330千字
　　　　　　2011年3月第一版　2012年1月第2次印刷
印　　　数：6001—9000册
定　　　价：38.00元（附一张DVD光盘）

未经许可，不得以任何方式复制或抄袭本书之部分或全部内容。
版权所有，侵权必究
举报电话：（010）62752024　电子信箱：fd@pup.pku.edu.cn

序

"中国字,天下事!"这是阳光卫视的庄婧女士在由其策划、主持、制片的文化栏目《说文解字》中的开场白,也是本书的书名。此话既是大白话、大实话,此话又一语道破天机。

此话怎讲?

文化中国之中国人的天下事,概莫例外,皆由中国字来表述,故此话乃大白话、大实话;文化中国之中国人的天下事,必须由文化中国的方块字个体为基本单位来遣词造句,方构成表述,所以此话又一语道破天机:文化中国之中国人,欲知天下事、首先要知中国字,而非拼音文字之文明,解释天下事的基本单位是单词。

然而,每一个中国字都有其起源和故事及相应定义,不知其历史时空、则难准确知晓其意,又如何理解基于中国字的遣词造句。

可是,文化中国历史上的一代又一代的家天下、党天下之王朝中国,朝朝代代无不干那短视利己的掩盖、歪曲、涂改、编造历史的龌龊勾当,故中国字随着其年龄的增长,也就愈发老迈昏花而定义不清。

时至近现代，西学以不可阻挡之势东进，淹没并改造了文化中国，包括那些高喊绝不容许西化、借曾被砸烂的文化中国之老祖宗为门神的新权贵们，其所谓的信仰、组织形式、标志、崇拜并所认祖归宗的挂像，皆属西方之物，实为更加西化；可怜的文化中国方块字，多数仅剩音与形，内核早成大杂烩，更被那名为辩证法、实则是为强权利己服务的诡辩论所蹂躏，定义虚无成为强权新贵们的为所欲为！

　　当下，时常听一些一丝良知尚存之人的无奈叹息：今天中国最可怕的是道德伦理底线的堕落崩溃！须知，承载文化中国天下事的中国字早已面目全非，人文底线何存？

　　阳光卫视一息尚存，尽媒体公器之责，庄婧女士虽年轻，然孜孜不倦制作新《说文解字》，意在此也！

陈　平

2011年元月20日于北京

目录

自 …… 1	车 …… 49
首 …… 3	道 …… 51
眸 …… 5	典 …… 53
发 …… 7	戈 …… 55
掌 …… 9	弓 …… 57
身 …… 11	关 …… 59
王 …… 13	钱 …… 61
童 …… 15	寺 …… 63
士 …… 17	网 …… 65
妻 …… 19	刑 …… 67
客 …… 21	尘 …… 69
后 …… 23	海 …… 71
妇 …… 25	常 …… 73
父 …… 27	工 …… 75
臣 …… 29	牢 …… 77
兵 …… 31	鹤 …… 79
德 …… 33	虎 …… 81
歌 …… 35	龙 …… 83
国 …… 37	鹿 …… 85
梦 …… 39	燕 …… 87
文 …… 41	寸 …… 89
宝 …… 43	北 …… 91
草 …… 45	夏 …… 93
茶 …… 47	李 …… 95

朱	朱	97
令	令	99
闭	闭	101
秉	秉	103
补	补	105
出	出	107
飞	飞	109
分	分	111
回	回	113
教	教	115
觉	觉	117
念	念	119
弃	弃	121
取	取	123
删	删	125
闪	闪	127
尚	尚	129
审	审	131
生	生	133
束	束	135
司	司	137
思	思	139
随	随	141
谈	谈	143
剃	剃	145
闻	闻	147
写	写	149

兴	兴	151
言	言	153
医	医	155
议	议	157
印	印	159
御	御	161
羞	羞	163
威	威	165
赤	赤	167
多	多	169
寒	寒	171
好	好	173
弘	弘	175
久	久	177
老	老	179
美	美	181
穷	穷	183
仁	仁	185
圣	圣	187
实	实	189
小	小	191
孝	孝	193
新	新	195
永	永	197
金	金	199
索	引	201

中国字，天下事，欢迎来到说文解字，我是广婧。说文解字，今天我们来解一个"自"字。

说到"自"，我们最常用的就是"自己"这个义项。区别于别人，突出自我就是"自"。

自卑、自傲、自不量力、自以为是都是这个"自"，"自"表示"自己"这似乎已经是一种共识，没什么可争议的。但是如果细致地来探讨，为什么古人要用这样一个符号表示"本人"、"己身"这个含义呢？可能很多人都回答不上来。这个疑问的解开，首先在于我们必须了解，"自"最初是什么含义。答案揭晓，可能会出乎您的意料，因为"自"，最初就是每个人脸上的那个"鼻子"。

看一下"自"甲骨文的字形，您可能一下就明白了。这显然就是一个人鼻子的形状，它上面的一竖就是人高高的鼻梁，最下面是鼻孔，中间还将鼻纹和两旁的鼻翼也描绘出来了。金文和小篆仍是明显的鼻子形状，只是到了楷书将一道鼻梁变成了一撇。不过"自"依旧是一个典型的象形字。东汉许慎的《说文解字》讲，"自，鼻也。象鼻形。"说的就是"自"的本义。说到这，或许您会有这样一个疑问：本是"鼻子"的"自"，怎么就表示"自己"了呢？对此，学者也有着不同的解释，一种说法是"自"用作自称代词，表示"自己"，是一个借音字。第二种说法是，因为古人在和别人交谈的时候，如果谈到自己，常常用手指指着自己的鼻子，在今天这样的动作也还常见，所以"自"就引申出"自己"的意思了。而至于后来专指鼻子的"鼻"，就是在"自"广泛的用作自称代词后，新造的一个字，在"自"下面加一个表音的"畀(毕)"，来专指鼻子。

甲骨文

金文

小篆

楷书

《老子》一书中，有"知人者智，自知者明"的句子，就是说一个既了解别人又了解自己的人才算一个聪明人，这也是成语"自知之明"的来历。而成语"自不量力"来源于春秋时的一场战争，春秋时在现在河南荥泽一带有个小国叫郑国。郑国临近又有一个更小的国家叫息国。公元前712年两个国家发生了激烈争执，息国国君盲目自大，草率派兵攻打郑国。郑庄公为了忍让，故意在本国境内与息军作战，刚一交战就把息军打得落荒而逃。当时有人说："息国犯了五不韪，所以要失败。"其中的一韪就是"不量力"，后来成语"自不量力"就是由此发展出来的。

一方面我们强调做事情要知己知彼，不要自不量力，另外一方面我们还要在做事过程中，突出自我，强调自己的与众不同。南宋戴复古《论诗十绝》之四中有这样的诗句："意匠如神变化生，笔端有力任纵横。须教自我胸中出，切忌随人脚后行。"这首诗是讲诗歌的艺术构思变化多端，写作应不受任何拘束，驰笔纵横，要有独特个性和创造精神，避免因循守旧，跟随在人的脚后。作者第三句用"自我"就是表示人独特的个性。

应该说，相较几十年前，今天是一个越来越要求我们张扬自我个性的时代。任何启蒙都要落实到个体意识的觉醒上，也就是那一个个"自"上面。如果僵硬的体制遏制了"自"的张扬，那它一定束缚了人的力量，也必将成为被拆除的对象，每一步前进的动力莫过于解放人的自由，释放每一个"自我"的能动性。张扬不是鼓噪，而是用那"自"的鼻子，灵敏的嗅到时代的气息。

说文解字，今天就到这儿，我们下期再见！

中国字,天下事,欢迎来到说文解字,我是庄婧。说文解字,今天我们来解一个"首"字。

其实由于语义和用法,在人们的心目中,很多字本身似乎具有一种地位和气质。"首"就是这样一个不同凡响的汉字,它往往透着尊贵气。在一群人中最具权威的叫做"首领",在一个国家里最高的领导人叫"元首",在一个部队里只有高级别的长官才能叫"首长"。所以"首"就是我们俗语中常说的"头头儿"——而其实"首"的本意就是指"人头"。

"首"是一个象形字。甲骨文的字形就像一个长着头发的人头,尽管不是十分相像,但是它表示的就是一个初生婴儿头部的侧面形象。在金文里,侧面改为正面,用一只眼睛和高高扬起的头发来表示人首,后期的金文又把象形的眼睛改为"目",这就是小篆字形的来源。楷书的"首"则是从小篆简写而来,已经很难看出人头的图像了。古代,把作战中砍得敌人的人头数作为奖赏升级的依据,因此把人头叫做"首级"。

俯首,就是低着头,鲁迅《自嘲》里写:"横眉冷对千夫指,俯首甘为孺子牛。"回首,就是回过头来,毛泽东《十六字令》里写:"惊回首,离天三尺三。"

两个人都是"首",一个为人民觉醒而呐喊,投匕首防暗箭是思想之首;一个题写过"为人民服务",怀着理想主义的诗情和抱负昂首挺胸,开创和颠覆,是行为之首。"首"肯的未必都正确,但"首"确实是领一时风气之先的非常之人。

"首鼠两端"是一个成语,用来形容遇事犹豫不决。

甲骨文

金文

小篆

楷书

这个成语出自司马迁的《史记》。在汉武帝时期，丞相田蚡（fēn）和将军灌夫有矛盾，田蚡借着灌夫酒后发疯把灌夫关进了监狱，并要借机灭他九族。魏其侯窦婴和灌夫很有交情，上书汉武帝说灌夫酒后失言，不该处死。汉武帝让他们两个人当庭辩论。主管监察的御史大夫是倾向于田蚡的韩安国，然而在庭上辩论的时候，他却只陈述事实并没有站在田蚡一边。退朝后，这田蚡就很生气，他找到韩安国，说你和我一起对付窦婴那个老头儿，你怎能首鼠两端呢？意思就是说你韩安国畏首畏尾，怎会这样犹豫不决？这里说的"首鼠两端"，"首"就是指"头"，"鼠"是"施"的假借字，是"尾"的意思。后来，人们就用"首鼠两端"来形容人胆小怕事，遇事犹豫不决。

"首"作头讲，久而久之就有了很多关于"首"的固定用法。

贾谊在《过秦论》中说秦始皇"废先王之道，焚百家之言，以愚黔首"。这里的"黔首"就是秦代统治者对平民百姓的蔑称。战国时期，百姓用黑巾裹头，"黔"是黑的意思，所以叫黔首。

这样一段话道出的正是统治者为所谓"长治久安"而愚化民众的一种行为，异己的声音予以清除，不利于安稳的声音加以压制，没有多元的思考空间，民众是容易无知的。往往在变革之际精英慨叹大众"民智未开"，实际上"愚黔首"才是"民智未开"的根源，今天我们不会再用黑头巾裹头，所以我们也不应该再"愚黔首"。

说文解字，今天就到这儿，我们下期再见！

中国字，天下事，欢迎来到说文解字，我是庄婧。说文解字，今天我们来解一个"眸"字。

"眸"是一个顾盼神飞的汉字，"明眸善睐"楚楚动人。古人说"言为心声，目为心影"，意思就是通过人的言论能推断他的内心想法，看见人的眼睛就能了解他的心地与品性，可见眼睛作为心地的影像是多么重要，我们在书面语里常写到的这个"眸"字，就是"眼睛"的意思。古今中外，对于眼睛"眸"的描绘不胜枚举，"回眸一笑百媚生"可以倾国倾城，"众里寻他千百度"，蓦然回首眸子里虽满喜悦脉脉含情，无论是诗歌还是散文，"眸"作为人心灵的映照，像一池春水稍有涟漪便波光粼粼。我们就来欣赏一下这个"明亮如波光，深沉如谭水"的"眸"字。

"眸"是一个典型的形声字，小篆字形已经和楷书颇为相似了。左边的"目"字表义，右边一个牟取的"牟"字表声，"眸"的本义就是眼睛、瞳仁。东汉许慎的《说文解字》解释说，"眸，目童子也。"《淮南子·说山》中有"清之为明，杯水见眸子"一说。谈到"眸"，那是对人五官形象描述的重中之重，在古代诗文中对于绝代佳人的描绘向来少不了对"眸"的描写，白居易在《长恨歌》中说，"杨家有女初长成，养在深闺人未识。天生丽质难自弃，一朝选在君王侧。回眸一笑百媚生，六宫粉黛无颜色。"回眸的一刻千古文人骚客倾其笔力，可谓是反复吟咏不绝。

此外古人说"言以达意，目以传神"，而这传神的正是人的眸子。在《孟子·离娄》篇里着实有一段对"眸"的描述，不过这里的描写已经不专注于美人的明眸皓齿，而强调的是通过眼睛来观察一个人的德性。应该说中国古代对人

小篆

隶书

5

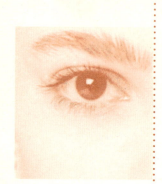

的观察判断，面相占了很大比重的，而所谓面相很大一部分来自于对人眼神眸子里信息的"察觉"。孟子说："存乎人者，莫良于眸子。眸子不能掩其恶。胸中正，则眸子了焉；胸中不正，则眸子眊焉。听其言也，观其眸子，人焉廋哉。"孟子的意思是观察人的正邪，没有比观察他的眼睛更好的了。眼睛遮蔽不了他的邪念。心念正直的人，眼珠明亮，心念不正的人，眼珠昏昧。听了一个人说的话，再来看他的眼珠，人的邪念哪里隐藏得住呢？

或许有很多人会说，人常常通过外表来掩饰内心，依靠表象判断内里容易受到欺骗。但是如果细致观察，倒是可以发觉一个人目光散发出的气息多半是掩饰不住的。所谓"眸为心影"正是强调一个人由品格、学识、秉性等综合孕育出的气质恰恰由眼睛展现出来。在科技发达、经验为先的现代社会，人们越来越习惯于用逻辑去思考去梳理问题，甚至对人进行判断，而对于那种近似于通感的人的灵性，越来越丧失信心甚至斥为妄言。当然无论是孟子还是今人，强调"眸为心影"并不是要灌输以貌取人，而是说在感性的触碰与知会里似乎孕育着更为奇妙的正确性。这一点通过现代生物学也许未必会得出科学的论断，但是冥冥中的一种感知却确实存在于我们的体内。或许"眸子"里正包含了人性中的"灵性"，对于今天的人类来说相信灵性并非笃信虚无，只是对未知的神秘保持敬畏之心罢了。在科技时代，这一点尤为可贵。

说文解字，今天就到这儿，我们下期再见！

发

中国字，天下事，欢迎来到说文解字，我是庄婧。说文解字，今天我们来解一个"发"字。

今天我们解的是"发（髮）"（去声），不是"发（發）"（阴平）。为什么要这么说呢，因为今天在我们看来只是声音有差别的这个字，其实两个音分别代表了两个字，这两个字来源完全不同，字义也千差万别，因为简化才被委屈成了一个字的两个读音。今天我们就还原一下这个现在要读成去声"发"字的本来面目。

"发"字在甲骨文当中没有体现，在金文中"发"是个左右结构的形声字，左边表示读音，右边表示"发"的意义，与头发和面部有关系。到了小篆，"发"变成了形声字，我们可以很清楚地看出一个人长发飘飘的形象。到了隶书当中这种形象就不太明显了，但还是能看出这个字形的源头，因为那一头长发还在。到了后来的楷书，这个字基本固定下来，虽然与字源在字形上有了很大差别，但标志性的一头长发还是保留了下来。说到这标志性的一头长发，中国古人的智慧就在于，千年之中无论如何演变，这个字的精髓一直都在，后人如果仔细注意，就能从字形当中看出这个字的真正含义。

其实这正是中国文字的价值所在，它一直传承记载着中华文化，无论沧海桑田日月潮汐，无论什么样的朝代更迭世事变迁，即使不知有汉，无论魏晋，但依然能从这文字中牢牢抓住中华文化的脉络和灵魂。然而今天的人已经没有这种福气了，比如这个"发"，这标志性的"一头长发"沿袭了上千年，却在上个世纪的文字简化中消失不见。人们再也看不到这个字的历史，看不到它穿越了什么样的唐时风汉时雨。其实这个繁体的"发"字凭着其自身顽强的生命力一直

金文

小篆

隶书

楷书

发髻

在民间使用着，那些大街小巷的发廊，大多用这个字做招牌，尤其强调那标志性的"一头长发"，民众的智慧和坚持在这种时候显得尤其美丽动人。

"发"的本意是头发，这个义项单一稳定，从古到今没有什么变化。但对于今天剪染吹烫的使劲儿折腾来说，古人对于头发的理解却十分严肃崇高。古人把头发看的很重要，头发是和孝道紧密相连的。大家非常熟悉的一句话"身体发肤，受之父母，不敢毁伤，孝之始也。"这句话出自《孝经·开宗明义》，简单但郑重地提出了头发在古人眼中的特殊地位。对头发尊重，不染不吹不烫，可不是说古人就都飘着一头长发裸奔。古人可是很注重对头发的修饰，他们将头发编成辫子，有时辫子太长拖在后面有点碍事，于是又将辫子挽成结，就是"发髻"。挽发髻的方法不同，产生的效果也不同。这一挽，融入了代代女子的美丽心思。直到今天，如果有人挽发，这种婉约清丽，还是让人过目不忘。

所以，"结发"也是个应运而生的词汇，它的本意就是"束发"。指古代男孩子成童时，将头发束起来梳成发髻，所以也指代童年或年轻的时候。"结发"更为广泛的意思是婚礼中的一项必须的仪式。也叫"合髻"，就是男女各剪下自己的一缕头发，结在一起，蕴含"你中有我，我中有你"的意思，寓意白头偕老，永不分离。所以"结发"就表示男女双方正式结为夫妻。而这样正式的仪式一生只能举办一次，"结发"专指原配夫妻。古代男子的妾，或者原配死后再娶的妻子都不能叫"结发妻子"。也就是说，在中国古人的眼中，一生当中，结发之妻只有一位。我想起有人说陈嘉上的新版《画皮》是爱情的新鲜解读，其实并非如此，熟悉中国传统文化的陈导演只不过说了一个今天人头脑发热，道德底线不断被突破之后已经陌生了的道理："结发之妻不可弃。"

说文解字，今天就到这儿，我们下期再见！

中国字，天下事，欢迎来到说文解字，我是庄婧。说文解字，今天我们来解一个"掌"字。

"鱼和熊掌不可兼得"是我们面临选择时常常会说的话，"易如反掌"是我们拥有绝对控制力的时候信心十足的表示。"掌"，太容易理解了，犹如成语"掌上观文"，我们抬起手、低下头都可以看得一清二楚。但是"掌"又在现实语境中引申出了很多耐人寻味的内涵，或如"掌上明珠"被宠爱有加，或像"股掌之间"令人玩味思考。走进古文字，了解这个我们都有的"掌"。

"掌"是个形声字，小篆下面的"手"是形旁，表明这个字的本义和手有关，上面是一个高尚的"尚"字，表示这个字的读音。东汉许慎的《说文解字》里说，"掌，手中也。"就是它的本义，意思是"手心"。"手中"就是手的中间部分，就是"手心"、"手掌"。在《论语》中我们看到，有人就祭祀礼仪请教孔子，孔子说："我不知道，如果有谁知道这个礼仪，他治理天下大概就像把东西放在这里一样容易吧。"孔子一边说，一边指着自己的"手掌"，也就是放在手心里。这句话就是成语"了如指掌"的来源，用来形容对情况非常了解，好像指着手掌给人看一样。

"掌握"是一个使用率较高的词，它的本义就是握在手心里。用来形容事物在自己的控制范围之内。在《史记·淮阴侯列传》里说："身居项王掌握中数矣，项王怜而活之。"意思是说，汉王刘邦多次在项羽的控制之下，可是项羽爱怜他而没有杀掉他。我们现在说的掌握政权就是控制政权。

"掌"除了作为名词表示手掌外，还进一步表示掌的

小篆

隶书

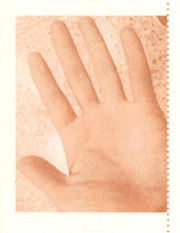

动作,进而加以抽象,成为纯粹的"主管"或者"控制"的意思。《孟子·滕文公上》篇说:"舜使益掌火,益烈山泽而焚之,禽兽逃匿。"为了消除飞禽走兽对人类的威胁,上古的帝王舜让他的大臣益来掌管火,益就放大火烧掉了部分山林,飞禽走兽纷纷逃跑躲避,这样人类才能安居乐业。掌火就是主管火种的意思。除了尽在掌握的威风外,"掌"也有"忍受"的意思,今天不太常用,比如在《红楼梦》里,有一句话是"连贾珍也掌不住笑了。"这里的"掌"就是"忍受"的意思。

　　除了在文学作品中这少见的"忍受",大多数场合里,"掌"都是"掌控"、"掌握"、"控制力"这样一个义项。比如"掌权",就是表示在权力核心,具有主导地位。掌的原义就是手掌心,由中国古典文学《西游记》里引出了"如来佛祖的手掌心"这一民谚,那象征的就是不可抗的高压决断力。作为一种权力属性的"掌",比食之美味的熊掌更被人觊觎,掌握立法、行政权可以直接领导社会进程,掌握麦克风、舆论可以以掌权者的视角解读和评判历史。无论是熊还是人都有掌。熊还好说,没有大的分别,人的世界里左和右可未见得有那么和睦,然而这左和右本身却又是一种平衡。任何极端偏向一处的"掌"都有它的危险,对于对方的垄断性的随意"掌嘴"本身就是一种专权。凛冽的说,"挟大脑以令天下"是左右掌共同的愿望,这个时候大脑的独立与中性,或许才显现着"掌权者"的理性。

　　说文解字,今天就到这儿,我们下期再见!

中国字，天下事，欢迎来到说文解字，我是庄婧。说文解字，今天我们来解一个"身"字。

"身"字在现代汉语中义项较多，但我们最熟悉的莫过于指自己的"身体"，"身体发肤受之父母，不敢毁伤"是人们常说到的古训，更是古人谈孝道的根本之一。孟子讲大丈夫要想成就一番事业，必将经历种种磨炼，其中"饿其体肤，空乏其身"就是重要的一项，只有如此，才能"动心忍性，增益其所不能"。其中的"身"也是指人的身体。而除了外形上的肉身，"身"也引申为自身，也就是自己，儒家讲要每日要"三省吾身"，就是告诉人们要常常反省自己，尤其指内心。但是，说了这么多大家耳熟能详的"身"，却都不是"身"的本义，最初的"身"字其实是为怀孕所造的！

"身"字是个象形字，在甲骨文中的写法见右图，如果您了解"人"字的古体字，一眼就会看出这是在"人"的腹部增加了一条弧线，而这弧线突出的正是女人有了身孕的形状。甲骨文中另外一种写法是在字形中间加上了一点，这一点就更加突出了女人怀有身孕的形态。在《诗经》当中有"大任在身，生此文王"的记述。产生于西汉的《毛传》解释是："身，重也。"东汉郑玄又注解说"重谓怀孕也。"虽然这解释绕了一个大弯，但我们可以得知"身"本义就是怀孕在身。东汉许慎的《说文解字》里说，"身，躬也，象人之形。"说的则是"身"的引申义"亲自"。到了金文，"身"字在甲骨文的下部又加一短横，而小篆的字形在金文的基础上更加美观，但这个时候字形已经分化为身、孕两种形状，发生了字义的转移："身"的本义被它的引申义替

甲骨文

金文

小篆

身

隶书

换，身体的义项代替了怀孕的义项，"身"开始专指人的躯体了。至于怀孕的意思则只能再造一个"孕"字了。

在"身体"的基础上，"身"又延伸出很多义项，比如抽象的"自我"——"身先士卒"、"以身作则"都是此意。再比如代指生命，宋代名臣文天祥在《指南录后序》中写"国事至此，予不得爱身"。这个"身"字就是指自己的生命。在中国儒家哲学中尤为强调的一个概念就是"修身"，而这其中的"身"也不仅仅是身体，而是指统合在一起的"身心"。儒家修身讲究格物、致知、诚意、正心，这一学说对于世人认识自我，完善自我，成就自我，有着重要的贡献。孟子曾经说，人们经常挂在嘴边上的就是"天下国家"，却不知道"天下之本在国，国之本在家，家之本在身"。意思是说："天下的基本在于国家，国家的基本在于家庭，而家庭的基本在于个人。"所以说所谓平天下的事功修为都是要从自我修身做起的。

在当代中国社会，传统文化在经历了一轮轮大清洗之后，在普通百姓心中已经淡漠而失去光华，"修身"这一概念在近几十年的教育下，不是被抹杀就是被教条化地解释，儒家伦理也被粗暴地形容为为封建统治服务的学说，一度让人痛心和绝望。然而，跨过新世纪的门槛之后，我们似乎看到了一种"修身"意识的复兴，精神世界的混乱迷惘，已经促使人们开始寻求内心安宁的方法和依托。"修身"再被提及，其实和两千年前的孟子所说的一样，国之和谐在家之和谐，家之和谐在人心的和谐。今日的中国若想成为一个和谐的国度，就必须是一个人心和谐的国度。而人心的和谐，先人留给我们的何止是财富？堪称是宝藏，而且正等待我们去开掘。为了一个民族的复兴也好，为了在物质化、现代化进程中的人类社会也罢，中国人有这个责任，上对祖先下对世人！

说文解字，今天就到这儿，我们下期再见！

中国字，天下事，欢迎来到说文解字，我是庄婧。说文解字，今天我们来解一个"王"字。

"王"在中国传统文化里是个颇有讲究的义项。"普天之下莫非王土"看出了王的神圣和无所不包；"王侯将相宁有种乎"体会到胜者为王的反叛精神；儒家讲行"王道"而不行"霸道"，讲究仁义治国，这种种解读可见出一个"王"字负载了太多的文化内涵。自古称王称霸少不了你争我夺，所以就连这"王"字的起源也避不开一番争斗。这究竟是怎么回事呢？

原来，这里面有两种说法。一种说，"王"在甲骨文里是个斧头的形状，金文和甲骨文一致，这种解释说，在上古时代，斧子是人们打猎和采集生活中重要的劳动工具，也是部落战争重要的武器。所以部落首领手持的斧子逐渐演变成一种权威的象征，于是表示兵器的"王"开始泛指最高统治者。"斧子"是"王"的起源。

另外一种说法是，"王"是一个正面端坐的人，商代帝王祖甲是一个有作为的政治家，他觉得"王"是一国之主，地位显赫，岂能无冕，于是在最初的"王"字上加了一横，表示王冠。所以这甲骨文里的"王"就是一国的君主，是个堂堂正正立于天地之间的人。

这两种说法都有人信服。不管怎样，它至少说明了在商代"王"就开始指一国最高的统治者了。

汉代大儒董仲舒解释"古之造文者，三画而连其中谓之王。三者，天、地、人也；而参三通之者，王也。"意思就是三横，代表天地人之道，"王"是对天地人三道都懂得的"圣人"，天下都归顺于他。这里体现的都是"大一统"

甲骨文

金文

小篆

隶书

以德行仁者王
——《孟子·公孙丑上》

孟子

的思想，是为汉代"天人合一"、"天人感应"的哲学体系服务的。

东汉许慎的《说文解字》里解释："王，天下所归往也。"

不过秦汉以后，帝王改称皇帝，"王"便成为最高的爵位了。

后来"王"的意思不断延伸，开始泛指居于首位的。杜甫在《前出塞》中有"射人先射马，擒贼先擒王"这样的句子，这里的"王"就泛指敌寇的首领。

讲"王"这样一个汉字，避不开在中国文化传统里儒家"内圣外王"的哲学思想以及政治主张，其实"内圣外王"最早出自道家《庄子·天下》，但是至今脍炙人口的解释来源于孔子的以德治国的主张。"内圣外王"强调道德与政治的统一，也就是由"内圣"到"外王"。这里，"内圣"——自身修为的历练是"外王"的前提和基础，"外王"是"内圣"的自然延伸和必然结果。对于一个人来说，就是"修己"自然能"治人"，"治人"必先"修己"。"内圣外王"在古代被儒家作为长治久安的政治学说所推崇，在今天也不妨成为现代政治的一种借鉴，一种被认可的真正的崛起是要以"内圣"为标志的，斧子解决不了根本的问题，传统智慧光照后人。

说文解字，今天就到这儿，我们下期再见！

　　中国字,天下事,欢迎来到说文解字,我是壮婧。说文解字,今天我们来解一个"童"字。

　　"童"是人们非常熟悉的汉字之一,在现代汉语中构词丰富,应用广泛,常用的语义比如"儿童"指尚未成年的小孩子。我们每个人都是从童年一步步走过来的,对于天真烂漫的童年生活,都有着属于自己珍贵的回忆。孩提时代,父母兄长会讲起各式各样的童话故事,童话世界与成人世界的对照常让相对于儿童的大人唏嘘不已、感慨万千。但是,您或许想象不到,童真、童年、童话,说了种种的这个"童"字,在造字之初并非是我们想象中的孩童模样,而是一个背负刑罚的男性奴隶。

　　东汉许慎的《说文解字》记载,"奴曰童,女曰妾。"初次读到这样的解释,人们往往会诧异儿童的"童"为什么会是男性奴隶呢?这就要从金文说起了,在金文中"童"字的上部是一个"辛",表示一种针形的刑具,当中是一只眼睛,下部是一个"东(東)"字,整体表现的是残忍的用刑具刺瞎奴隶的一只眼睛,"童"字在上古时代就代表"奴隶"。后来演化到小篆,"童"字中间省掉了眼睛,下面增加了一个土地的"土"。在今天我们熟悉的楷书里,上部的"辛"已然变成了独立的"立"。在古代"童"与带单立人旁的"僮(tóng)"字通用,我们知道的"书童"、"琴童"、"童儿"都是指奴仆一类的人。

　　"童"字的字义演变到今天,已经不再指男奴隶而专用来指儿童了。带单立人的"僮(zhuàng)"字,还是中国少数民族壮族曾用的名称。直到1965年才改成了"壮"字。

　　在表示"儿童"这一语义之后,由"童"组成的词汇

金文

小篆

楷书

明显多了起来。"童心未泯"这个成语就是说虽然年龄大了,但孩子般天真的心灵没有丧失,仍然保持纯真无邪的举止和心态。

其实就内心感受来说,儿童也会感受到痛苦,而且站在孩子的视角,他的痛苦未必就比大人来得轻松,但是以成人的眼光回望儿时的麻烦确实太不值得一提了,于是孩童时光成为无忧无虑的代名词,像镀了金边的云彩一般让人欣赏让人留恋,并会每每在成年人的心中重温——那纯真的童趣和单纯的笑容。

可是话说回来,年龄的增长,入世的加深却并不意味着人的童趣就要随之消失,反倒可能是那难得的"童真"之心成就我们的作为。

孟子曾说,"大人者,不失其赤子之心者也。"意思是有德学的大人物他一定永远保持他孩提时的一派天真。乍听这话,可能都要回味一番,确定这话是否可信,不过细细数来,事实往往也确实如此。因为保持着纯一无伪的天性,去面对千变万化的事情,才不会存忌害之心。因为纯真者往往在生活中都有其独到的孩童般的执著,这执著让他坚韧。浑浊的世故机巧是一种世俗力量,但同时至善至纯至真的人同样或者说更具有一种力量,这份力量因为澄澈而更富于感召力,因为感召而更富于生命力!一个民族的赤子恰是这个民族的灵魂所在。"童心未泯"告诉我们,一个人到了成年,仍然保持儿童时的真诚。

说文解字,今天就到这儿,我们下期再见!

中国字，天下事，欢迎来到说文解字，我是庄婧。说文解字，今天我们来解一个"士"字。

今天在我们的日常口语里，"士"提到的并不多，但是在中国的传统文化中，"士"却是一个深入人心的概念。人们形容志同道合的人彼此惺惺相惜，不惜在危难关头为对方献身，会说"士为知己者死"。而"士大夫"更是古代中国社会的一个特殊阶层。在古代它既可指当官有职位的人，也可以指没有做官但有声望的读书人。

其实在上古时代，"士"指的是未婚的青年男子。《说文解字》里讲，"士，事也。"可以理解为能做事情、胜任工作的男子。古代有"四民"：士农工商。"士人"不是官也不是民，介于两者之间，泛指读书人，相当于今天的知识分子。唐代对士农工商四种人的工作做了简要的介绍："凡是学文学武的都叫士，耕种纺织的叫农，制作器具出卖的叫工，屠宰卖肉、酿造卖酒的，买进卖出的叫做商。"显然，"士"在这四个阶层中地位最高。

在军队里，士也代表一个阶层。古代军队中，"士"可以指战车上的甲士，步兵则被称为卒。现代军队中，"士"是介于兵和军官之间的职称。军官中最低一级的称为尉，分为上尉、中尉、少尉。士兵则称为列兵。而"士"就夹在这两者之间，有上士、中士、下士。

在古代，有远大志向和高尚道德的知识分子称为志士仁人；有远见卓识的知识分子称为有识之士；全国杰出的知识分子称为国士；隐居的知识分子称为隐士；清贫的知识分子称为寒士。成语"礼贤下士"，"礼贤"就是说对有才能的人要以礼相待，"下士"就是说降低自己的身份并结交知

甲骨文

金文

小篆

楷书

识分子。传说春秋五霸之一的齐桓公去见一个小臣,一天去了三次也没见到,有人说君王要见他,他却如此傲慢,这个小臣太过分了。齐桓公却说,"有学问的人轻视爵位俸禄,就轻视君王,做君王的怎么可以轻视有学问的人呢?"后来齐桓公去了五次才见到这个人。

古代君王礼贤下士,应该说齐桓公为后来者做了表率。但是无论是古代的君主还是今天的当权者,"士"阶层始终是他们的一块心病,或者说知识分子阶层始终是统治者手中一块烫手的山芋。怎样使士这个阶层归附于权力的核心,伤透了历代统治者的脑筋。对于"士"阶层的分化瓦解、威逼利诱从未停止。越是在压抑、专权的时代,权力核心越是需要掌握技术的士,而对那些以思想影响别人的士则敬而远之甚至除之而后快。换句话说,威权政体往往需要的是懂得尽忠的古典"士大夫",而不是现代的独立的知识分子。

国门洞开的百年,思潮汹涌风云际会,"士"在神州大地也不断的蜕变出新的含义,或者说百年中国也是士阶层的一次启蒙。在无数仁人志士的执著探寻里,启蒙之光已经点燃,无论政治风波的袭扰,思想监狱的囚禁,对于今天中国的士,如果非要谈"忠"的话,那这"忠"指向的也非君王而是那普世的价值与真理。

说文解字,今天就到这儿,我们下期再见!

中国字，大卜事，欢迎来到说文解字，我是庄婧。说文解字，今天我们来解一个"妻"字。

"妻"字的含义大家比较熟悉，只是全国各地叫法会有些不同，有叫老婆的，有叫媳妇的，还有间接的叫孩儿他娘的……总之呢，都是指妻子。

"妻"这个字，似乎天生透着股暖意，提到它，往往我们会先想到"娶妻生子"、"喜结连理"，无论中西，在哪儿都会洋溢着一种喜庆和浪漫的气氛。

然而当我们回望历史，从"妻"字的字形转化来看这个字，会发现一副惨烈的局面。在古代，这老婆是"抢"来的。现在大家看到的是"妻"字由甲骨文到楷书的转化，显然这是一个会意字，有一双手来在抓一位长发妇女的头发，据说这是上古时代抢婚风俗的反映，人类在由群婚制向对偶婚制转变的过程中，出现了抢婚的现象。某一部落的男子到另一部落中间去抢劫女子为妻是不足为奇的。在今天，这种习俗还是存在的，只不过由真抢变为了假抢，在女方家里配合默契的情况下，由新郎单枪匹马或仰仗朋友假装将女子抢回家成亲。现在很多地方流行的娶亲要在天亮之前，就留有古代抢亲的痕迹。

东汉许慎在《说文解字》有："妻，与夫齐者也。"所谓与夫齐者，强调的是妻子与丈夫构成完整的家庭。古代，妻子的地位要远远高于妾，在一夫多妻制的社会里，只有经过父母之命明媒正娶的嫡妻才可以叫妻。当然《礼记》中也写道"庶人曰妻"，意思是说，平民百姓的配偶才叫妻。诸侯的正式配偶则被称为"夫人"，帝王的正式配偶叫"后"，也就是皇后的"后"。由此可见从平民家庭到帝王

甲骨文

金文

小篆

妻

隶书

将相,这尊卑等级的差别是森严而不可逾越的。

从抢亲到妻妾之别,我们感到了一种古代婚姻的蛮横和冷漠。然而中国历史上温暖柔情的恩爱夫妻也是不乏典范的。以刚烈节义著称的汉代苏武在奉命出使之前,为妻子写下诗句"结发为夫妻,恩爱两不疑……生当复来归,死当长相思。"

宋代词人苏轼为亡妻写下:"小轩窗,正梳妆,相顾无言,唯有泪千行。料得年年断肠处,明月夜,短松冈。"一派温情缠绵的爱意浸透词句。

千年的历史,万年的传说。如今我们再来说这个"妻"字,已经不再有"抢亲"的霸道,也不再掺杂鲁迅所说的"娜拉走后"的烦恼,在男女基本平等的当下,我们美好的盼望着,每一个"妻"字的出现,都有一个温暖的修饰,"爱妻"。

说文解字,今天就到这儿,我们下期再见!

中国字，天下事，欢迎来到说文解字，我是广婧。说文解字，今天我们来解一个"客"字。

"客"在现代汉语中的常用语义和"客"古代造字时的本义出入不大。"客"就是指那些登门拜访或者旅居他乡的人，词组有很多，比如"宾客、贵客、客房、客厅"等。但是古人是怎样借助一个字形来表达这份含义的呢？细细探究起来，从中我们会发现很多古人造字时的技巧和智慧。

"客"在甲骨文中似乎还没有出现，在金文里我们发现了它。和今天的"客"字结构相同，上面是个"宝盖儿"在古代表示一间房子。下面是个"各"字。这个"各"字出现得很早，在甲骨文里就有了，它也分为两部分。上面是个倒写的"止"，就是指人脚，在这里代指人。下面是个"口"字形的字，表示洞穴，在这代表古人居住的地方。在甲骨文和金文里，"各"都是"来、至、到"的意思。"宝盖儿"加上一个"各"，"客"的本义就是从外地来到房子里，并暂时居住下来的人，这就是"客"的本义。

在古代诗文里，"客"是经常出现的。

唐代诗人贺知章的著名诗篇《回乡偶记》中写道："少小离家老大回，乡音无改鬓毛衰。儿童相见不相识，笑问客从何处来。"

大诗人王维在《九月九日忆山东兄弟》中写道："独在异乡为异客，每逢佳节倍思亲。遥知兄弟登高处，遍插茱萸少一人。"

其实这种"客居他乡"对亲人的思念之情，这种异乡情怀，是中国诗文中的一种核心情感，被历代文人墨客渲染得百转千回，荡气回肠。但是这还只是个人的情感，与亲友

金文

小篆

楷书

少小离家老大回，
乡音无改鬓毛衰。
儿童相见不相识，
笑问客从何处来。
——《回乡偶书》

的别离。在中国古代由于战争灾祸，往往还会出现一个村庄甚至一个城邦的大迁徙。汉民族中有一个支系叫"客家人"。为什么会有这样的称呼呢？比较通行的说法是：因为客家人原本住在中原地区，为炎黄后裔，远祖是书香门第，仕宦家庭。西晋末期"永嘉之乱"的时候，为了逃避异族的践踏与战乱，被迫首次南迁，寄住在江淮一带，客居他乡。到了唐末黄巢起义，因为战乱又再度南迁进入福建、江西，部分进入广东梅州。南宋末年，元兵南下，他们又跟着文天祥大批进入粤东粤北地区，并汇聚在梅州一带，久而久之落地生根反客为主，为了区别于当地的土著民，所以自称为"客家人"。

无论是个人的背井离乡还是群体的大迁徙，离开故土都会有恋恋不舍的思乡之情。身在异乡成为区别于原住民的"客"，到别人家里去成为"宾客"，由于"客"是外来者，所以在"客"的语义演化中也衍生出了一种"客观"的视角，区别于主观，作为外来者带来新的见解和主张，成为对固有知识的补充。从这个角度讲，"客"往往是一种人才资源，古代中国有客卿这样的官名，指春秋战国时授予在本国当高级官员的非本国人。今天我们有客座，指那些应邀从外单位或国外来担任教学或科研等工作的，比如客座教授。战国时期政治家李斯在《谏逐客书》中写，"臣闻吏之议逐客，窃以为过矣。"意思是说，我听说官吏们在议论说要驱逐客卿，我私下里认为这是不对的。其实作为一种人才资源，一个国家怎样对待外来的"客"，能够礼贤下士、人尽其才，体现着这个国家的进步水平和它的开放程度。中国古人有很好的待客之道，今人也不妨借鉴为我们的"人才战略"，"笑迎八方客"既是一种气度也是发展中的务实之道。

说文解字，今天就到这儿，我们下期再见！

后

中国字，天下事，欢迎来到说文解字，我是庄婧。说文解字，今天我们来解一个"后"字。

"后"是现代汉语中应用频率极高的几个汉字之一，在日常口语里我们每一天几乎都要提到它几次。空间上有"前后"之分，时间上有"先后"之别，形容人有潜力，常说"有后劲"，下一盘棋，高手往往"后发制人"，比赛竞争常有人"后来居上"。

除了时间和空间上的差别，"后"也是一个古代中国尊贵的字眼，因为它代表王室，所谓王后、母后、君后。但是或许您会猜测，这时间空间上的方位比照和庙堂之高的一国之母有什么关系呢？其实，不用您煞费苦心地去琢磨，因为这两者本就没有关系。

现在我们使用的"后"是"后"和"後"两个字合为一体的用法，它们早在两千多年前就已经出现，"后"与君主有关，"後"表示时间上的早晚和空间上的前后。甲骨文的"后"见右图，是一个象形字，"后"最初是母权时代女性酋长的称谓，本义就是指君主，特别是远古君主。《楚辞·离骚》中说到："昔三后之纯粹兮，固众芳之所在。""三后"是指夏禹、商汤、周文王。在古代，许多与"后"相连的词都和君权有关。比如"后土"是对大地的尊称，"后王"指天子，"后帝"就是指上帝。春秋战国以后，"后"专指帝王的妻子。帝王的妻子被称为"皇后"，帝王的母亲被称为"太后"，皇后的家族被称为"后门"、"后族"，"后妃"居住的地方叫"后宫"。

而另外一个"後"则是一个会意字。在甲骨文中是这样写的，字的上半部分是表示绳索的东西，下边是一只脚，

甲骨文

金文

小篆

隶书

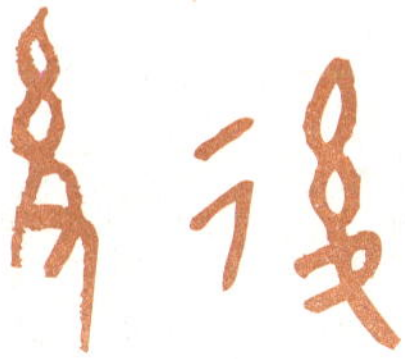

甲骨文（後）

后 专指帝王的妻子

用绳拴住脚走不快,表示的就是落后的意思。后来在左边加上了双人旁表示"道路",同样表示走在后面或者落在后面的意思。这就是"後"的本义。汉字简化,这两个字就都写作现在的"后"了。东汉许慎的《说文解字》里对两个字都有解释,"后,继君体也。""後,迟也。"

"后(後)"字由次序上的"先后"又引申出后来、将来、后代的意思。《晋书·王枕传》里写道,"卿风流俊望,真后来之秀。"意思就是说,你狂放不羁,风流俊逸,真是晚辈中的优秀人物。成语"后起之秀"就来源于此。后来人们就用"后起之秀"来称谓、赞誉晚辈中的优秀人物。《论语》中有"后生可畏,焉知来者之不如今也"的感叹。意思是,年轻人是值得敬畏的,我们怎知道后来的人不如今天的人呢?这就是成语"后生可畏"的出处,人们在今天用这个成语表示后辈是容易超过前辈的。

在今天的中国,王后的概念已经成为了历史教科书里的词汇,"后"身上带有的那种与生俱来的特权意味在汉字组词中已经很少显现出来。更多体现的是时间和空间上的"后",孔子说"后生可畏"。今天人们也常说"后来者居上",所谓"青出于蓝而胜于蓝",其实都是对后来者的一种寄托与快慰。割裂的历史难再现历史中的鲜活,"独怆然而涕下"的感慨是人生莫大的孤独,"后"应是薪火相传,是站在前人的肩膀上"前可见古人,后有来者"的承前启后。

说文解字,今天就到这儿,我们下期再见!

中国字，天下事，欢迎来到说文解字，我是庄婧。说文解字，今天我们来解一个"妇"字。

"妇"字在现代汉语中是一个常用字，一般情况下就用来指妇女，每年阳历的三月八日定为国际妇女节，是世界妇女争取权利、争取解放的纪念日。伴随长达一个世纪"妇女解放运动"的风起云涌，妇女的地位和权利不断得到体现，男女平等的观念，在今天已经深入人心。所以，当我们回过头来再看汉语语境中的成语典故的时候，会发现有很多词汇已经渐渐被人摒弃。比如"妇道"，古时候所谓妇道就是指三从四德，在家从父，出嫁从夫，夫死从子。显然在当代社会这一妇道已经被男女平等的观念所瓦解。但是通过这样一个小的例子，我们也能看出在中国古代男女不平等的事实。那么这一社会现象在汉字中是怎样体现的呢？

"妇"字的繁体字为"婦"，通常被用来指已婚女子。在甲骨文中，我们看到它由左右两部分构成，是一个典型的会意字。左边是"帚"的象形字，是一把打扫庭院的扫帚。右边是一个"女"字。左右合在一起，形象地表现出一个长跪的女子手持一把扫帚打扫庭院。古代妇女结婚后主要的义务就是服侍丈夫，操持家务，甲骨文中的"妇"正好体现的就是古代妇女的这种身份。东汉许慎的《说文解字》里说，"妇，服也。谓服事人者。"同时代的《释名·释亲属》说，"妇，服也，服家事也。"在古籍中，多处可见以"服"来解释"妇"的，由此可看出中国古代妇女在家庭中的地位低下，显示出"夫尊妇卑"的地位差异。

由于"妇"指已婚女子，而已婚女子自然就是有了丈夫的女子。所以，"妇"又专指妻子，常说的"夫妇"的

甲骨文

金文

小篆

隶书

25

"妇"就是指妻子。唐代白居易《琵琶行》中,"门前冷落鞍马稀,老大嫁作商人妇。"《乐府诗集·孔雀东南飞》中有"十七为君妇,心中常苦悲"。这两个"妇"都是用的"妻子"的义项。

同样是夫妻的关系,同样是"妻子",在古代的称呼却体现着尊卑等级的差异。《礼记·曲礼》上说,天子的妻子叫后,诸侯的妻子叫夫人,大夫的妻子叫孺人,士的妻子叫妇人,老百姓的妻子才叫妻子。后来由于士的社会地位接近于老百姓,所以他们配偶的称呼后来就不加区分了。可见在这"妇"的用法上还是很有讲究的。

今天我们讲"妇"字,早已剥离了那种尊卑观念里歧视女性的态度,今天的男性如果在公开场合以"妇人之仁"来驳斥一位女性,多半会招致人们的反感,"妇"已经不再低下,不再卑微。

如果说太平天国所制定的《天朝田亩制度》里,"凡分田,照人口,不论男妇。"这还是一种美好的社会畅想。那么在今天"不论男妇"的男女平等观念已经从一种畅想逐渐地接近了现实。想必这和女子不再单纯的"打扫庭院"有着直接的关系,借用鲁迅笔下的"娜拉"来说,就是娜拉走后已经可以独立生活了,女性的自主已经拥有了广泛的社会空间。我们可以说,这里有思想启蒙带来的观念革新,更有科学技术发展所带来的生产力性别结构的调整。如此可见,推动一种社会畅想和理念的,不单单是呐喊,而更有着客观条件的成熟。这种客观技术的成熟往往实现和推动着理论的革新,包括很多经典理论的延伸。人类的畅想很多,当我们迈步前进的时候,自然科学和社会科学的两条腿在交替向前,哪一条腿都不可能领先另一条几步远。踏实的脚步,让我们踏实。

说文解字,今天就到这儿,我们下期再见!

父

中国字，天下事，欢迎来到说文解字，我是庄婧。说文解字，今天我们来解一个"父"字。

对于一个人，他可能有多重的身份，身上附着各式职业的标签，在社会生活中划分起来千差万别，然而当我们以家庭生活的视角来确定一个人的角色，那就变得简单起来。他（她）是父亲母亲，他（子女）是子女兄妹，血缘的纽带在家庭里赋予每个人独特的身份和位置。在中国传统文化伦理中，家庭的权威"父"。其实从字形构造我们很容易看出它的不同——父，一个举着权杖的人。

在上古社会里，"父"是部落之主，家族之长，是最具权威的人物。上古时代，凡是部落或家族的头领都要智勇双全、勇猛无比，这样对内管理家庭，使人信服，对外抵御外敌，保卫氏族。所以先民造字的时候为了体现这一点，甲骨文里的"父"字就写成一只手拿着一把斧子。郭沫若的解释是石器时代男子用石斧从事劳作，所以借"石斧"的"斧"来做父亲的"父"字。东汉许慎在《说文解字》里写，"父，矩也，家长，率教也。"就是说"父"是坚持规矩的人，是一家之长，是引导教育子女的人。而那个"斧子"其实就象征着权杖，字形中的"又"字在古代代指人的手。整个字表现在部落中，拿着权杖最有权势的那个人是"父"。由此我们可以看出"父"从甲骨文开始他的本义就是指父亲。

应该说"父"是男性中心社会的标志之一。商周以后，"父"便逐渐用作对男子表示尊敬的美称，读作上声，同"甫"，比如尊称老农为田父，渔翁为渔父。

"父"字的古文形体表明了父亲教育的威严性。所以

甲骨文

金文

小篆

隶书

从古至今就有"慈母严父"这样的说法，还用"家严"这个词来代指父亲。"父执"是指父亲的朋友，执，是志同道合的人。"父系"是指在血统上属于父亲方面的。

由于父亲在封建家庭中的地位，所以古代汉民族道德文化中多处渗透着"父"字。"君为臣纲，父为子纲，夫为妻纲"，指的是封建社会中主要的三种道德关系。意思是在君臣当中，君是臣的支配者；在父子关系中，父亲是儿女的支配者；在夫妻关系中，丈夫是妻子的支配者。所谓三"纲"，"纲"是指打鱼时提网的总绳，引申指处在主要或支配地位的人。这里的"父"就是指父亲。

父权，既然在家庭生活中处于主导地位，那么他也就必然会在某些方面因过失而受到责难。《三字经》讲，"养不教，父之过。"就是说父母养育了儿女，却不严格的教育他们，这是做父亲的过错。其实就像"父权"在拥有权威的同时也承担相应的责任一样，权力和责任是相辅相成的。我们常常称地方官员为父母官，其实寓意更是明确，任何权力的获得都要以责任的达到为评价标准，否则权力也会自然丧失它作为"父"的道德基础甚至权力基础。

说文解字，今天就到这儿，我们下期再见！

中国字,天下事,欢迎来到说文解字,我是庄婧。说文解字,今天我们来解一个"臣"字。

"臣"字我们并不陌生,在电影、电视、文学作品中,它是频繁出现的。"君臣"就是皇帝和大臣,皇帝是九五之尊,臣也是大权在握。虎门销烟实践中的林则徐就是"钦差大臣",那可谓是重臣,掌管生杀大权,是相当威风的。但是您或许不曾想到,这"臣"原本是很卑微的人的代称,是什么呢?就是俘虏。

"臣"从形体结构来看是一个象形字。东汉许慎的《说文解字》里说,"臣,牵也,事君也。像屈服之形。"就是说,臣是指受牵制者,为君王做事的人,像一个人屈服的样子。郭沫若在《甲骨文研究》中说:人的头部端正,两眼呈现出横线条,与地平线平行;如果低下头从侧面看,眼睛就呈现出竖线条。所以"臣"从字形上来看,像一只竖起来的眼睛。眼睛竖起来就意味着低头,低头就意味着屈服。现代语言学家杨树达先生《臣牵解》一文中说:"臣"的本义就是俘虏,因为抓到的俘虏不只有一个,为了防止俘虏在押解的途中逃跑,一定要用绳子把他们拴住,就像牵牲口一样拉着他们。如果称呼押解俘虏这个事,就叫"牵",那么称呼被牵引的俘虏则叫做"臣"。在战争中抓到的俘虏一般都会被充当奴隶,所以"臣"字的意思又由"俘虏"转为"奴隶",男性奴隶叫"臣",女性则叫"妾"。在《尚书》里就有"臣妾逋逃"这样的记载,意思就是奴隶逃跑。

古代的社会是一个严格的等级社会,官吏侍奉君主和奴隶侍奉主人是一样的。所以后来,"臣"就引申为君主时代各级官吏的通称。由于科举制的传统,所以中国古代的

甲骨文

金文

小篆

楷书

"臣"多是从读书人中选拔，用今天的话说就是知识分子。由于自古中国知识分子的内心就有着"修身齐家治国平天下"的人生信仰，所以这无形中就演化成一种由"士"转化为"臣"然后又与"君"相伴的微妙的君臣关系。

其实"士"、"臣"、"君"之间是有着众多程度不同的贴合和冲突的，比如这读书人"士"转化为"臣"所遵循和信仰的"道"是不愿意丢弃的，也就是合乎于自己理念的行为准则和远景抱负是不愿意放弃的。但是事实是，"弘毅之士"遇到"明主"做忠臣为良将则还好说，如若是个昏君，伴君如伴虎，事与愿违，往往"士"就会惹上杀身之祸。

我们说的这种"君臣"隶属关系在中国社会历经几千年，其中诱惑与危险并存，始终是中国读书人的一个艰难选择。"士"为"臣"并不只意味着高官厚禄，或许也隐含了屈服与妥协。于是现代知识分子很多在强调身份的独立，然而事功意识、担天下大任的抱负却始终吸引着他们入政为官，因为似乎为官当政更能有所作为。所以在今天看来，需改变的或许不是"士"的入世态度和角度，而是尚存余毒的君臣关系。

说文解字，今天就到这儿，我们下期再见！

中国字，天下事，欢迎来到说文解字，我是庄婧。说文解字，今天我们来解一个"兵"字。

"兵"是个会意字，甲骨文形象生动地表现了一双手高举大斧的样子。金文中斧子的方向发生了变化，转向了右边。小篆里，斧子虽然变了形但表意依然明确，还是两手抓大斧。到了隶书，下面的双手合拢，就形成了今天"兵"字的造型。因此民间流传的所谓"兵"就是"丘八"的说法是不正确的。"兵"并不是由"丘"字和"八"字构成的，那只是字形演化后形态上的巧合，"兵"的原意是兵器。东汉许慎《说文解字》中就讲到，"兵，械也。"

"兵"作兵器讲的时候，《老子》说，"兵，不祥之器。"《墨子》说，"兵，国之爪也。" 看来在两位先贤的眼里，这兵器怎么说都不是什么好东西。所以老庄讲"出世无争"，墨家讲"兼爱非攻"，但是无奈王侯将相是不听他们这一套的。千百年来，"兵不血刃"的战争那都是微乎其微，更多的是血染沙场、短兵相接，世道是兵荒马乱。后来这"兵"引申至"拿兵器的人"，也指"军队"。我们说的"草木皆兵、哀兵必胜、兵临城下"，取得就是这延伸意。不过需要在这里强调一下的是，在古代，"兵"很少当"战士"讲。因为当时有词汇专门指战士，一个是"士"，指乘战车作战的战士。一个是"卒"，指徒步作战的战士。

除了兵器、军队，"兵"进一步延伸指军事、战争。大家都很熟悉的典故"纸上谈兵"就用的是这个意思。孙子曰，"兵者，诡道也。"在用兵的方法策略上，诡诈是必不可少的。所谓"兵不厌诈"，有这样一个典故，公元115年，汉安帝命令大臣虞诩带兵抵抗羌族的入侵。虞诩命令部

队日夜兼程前往前线，而且命令士兵在第一天驻营的地方，每人造两个灶做饭，以后每天增加一倍。担任阻击任务的羌兵发现汉军的驻营地不断增灶，大吃一惊，以为汉军的兵力得到了大大的增加，没有等到战斗打响，就先败逃了。事后有人问虞诩，为什么会这样做？虞诩回答说："以前齐国的大将孙膑用减灶的计谋故意示弱，而今我反过来用，用增灶示强，彼此情况不同，正是'战阵之间，不厌诈伪'。"后来人们由"战阵之间，不厌诈伪"引出了"兵不厌诈"这个成语，说明用兵讲究计谋，可以用各种方式迷惑敌人。

还是孙子的那句话："兵者，国之大事也。"军事，是一个国家的重大事情。三国时的曹操也说，"安定一个国家最好的办法就是建立一支强大的军队，再备有充足的粮食。"即所谓"夫定国之术，在于强兵足食"。可以说，这一套富国强兵的理论，不限于中国，几乎适用于世界上各个大洲的军事强国。我们看古往今来，各国间的"军备竞赛"就从来不曾真正的停止过。

历史的车轮向前，军事的手段翻新，两千多年前，孙子在兵书里还写过这样一句话，叫做"不战而屈人之兵，善之善者"。或许对于那个时代的人来说，那是一种更高明的军事谋略。但是我们今天讲"兵"字，在结尾处却想将这句话的意思做个调整——战或不战，目的都不指向屈人之兵。所谓"善之善者"应该是"和"。我们不需要军事上的谋略，我们需要共生共存、和平相处的远见，那不是文明的冲突而是交融，不是资源的掠夺打压而是经济的依存和共同的繁荣。

说文解字，今天就到这儿，我们下期再见！

中国字，天下事，欢迎来到说文解字，我是庄婧。说文解字，今天我们来解一个"德"字。

"德"字是个会意字。甲骨文字形见右图。左边是"彳"，它在古文字中是表示行动的符号。右边是一只眼睛，眼睛上面是一条垂直线，这是表示目光直射的意思。所以这个字总的意思是：行动要正，而且"目不斜视"，这就是"德"。

在金文中，会意就更为全面了，"目"下又加了"心"，表明目正、心正才算是"德"。在小篆里，"德"右部的上方变成了"直"，也就是说"直心"为"德"。综合这些演变，"德"在字形上，强调了一种心胸的坦荡和直率。

"德"在写法上，曾引起一些人的争议。那就是在右部"心"的上面到底有没有那么一横。说起这个，还有一段趣闻。在北京有一家全国知名的老字号烤鸭店叫"全聚德"。如果我们大家仔细注意一下的话，就会发现它这个招牌上的"德"字就没有这一横。据说一百三十年前，这家店的创始人杨全仁在京城开了一家烤鸭的小铺子。开张的时候，杨老板看中了一位姓钱的秀才，这个人写得一手好字。杨老板打算请他题写招牌，钱秀才请到后，俩人先是开怀畅饮，等到秀才写字的时候，已经是有了几分醉意，于是这牌匾上的"德"就一不小心给少写了一横。我猜这杨老板当时也喝多了，也没发现这少了一横的德字。

当然，这只是个传说，其实"德"字历来有不同的写法。这一点，我们可以从唐宋元明清书法名家的墨迹中得到印证。比如，现立于北京国子监孔庙的清朝康熙皇帝御书

甲骨文

金文

小篆

楷书

《大学碑》中的"德"字就没有一横；又比如生活在与全聚德创立同期的清代画家郑板桥本人书写的"德"字，有的带一横，有的不带一横。

另外，我们还可以从中国古钱币方面来考证"德"字。例如，北宋真宗年间铸造的"景德通宝"的"德"字就没有横，而明朝宣宗年间铸造的"宣德通宝"的"德"字就有横。

从以上分析可以得出这样的结论：在过去"德"字有两种写法，可以有横，也可以没有横，两种写法都是正确的。

当然作为文字规范，是应该有这一笔的。

说完字形，我们来讲讲字义。关于"德"包含的内容，向来标准不一，古代有五德之说，指人或事物的五种品质和特征。如儒家以温良恭俭让为修身的五种德行；《孙子》以智信仁勇严为领兵打仗的将军应该有的五种德行。总体来说，都是指一种高尚的精神。

对于怎样施德行善，做一个有德行的人。儒家经典《论语》中有这样的记载："或曰：'以德报怨，何如？'子曰：'何以报德？以直抱怨，以德报德。'"这段话的意思是，有人问孔子拿恩惠来报答别人对自己的怨恨怎么样？孔子说，又拿什么来报答恩惠呢？应该是拿公平正直来报答怨恨，拿恩惠来报答别人对自己的恩惠。这便是孔子施德行善的一个标准。

在距离孔夫子2500年后的今天，在一个现代社会的语境下，我们发现传统儒家的"德"已经在冲击、演化中分解，它向内成为我们一种崇高的心灵追求，它向外变更为一种我们义不容辞的公民责任，二者并行不悖。

说文解字，今天就到这儿，我们下期再见！

歌

中国字，天下事，欢迎来到说文解字，我是庄婧。说文解字，今天我们来解一个"歌"字。

右图我们看到的是"歌"最早在甲骨文中的写法，很明显这是个象形字。一个人跪坐在地上张着口，口前面有一短横，表示口中有气呼出来，展现歌声向外传播的过程，非常直观、形象。在东汉许慎的《说文解字》中记有"歌，咏也"，意思是说"歌"就是按照一定的乐曲旋律咏唱。显然最早的"歌"是作动词用的。

早在《诗经·魏风·园有桃》中就有"心之忧矣，我歌且谣"这样的句子，表意很直白：今天心情不好，唱唱歌谣吧。看来，自古，这歌咏吟唱都是人们疏解情绪的一种方式。不过要解释一下的是，歌和谣是有区别的，歌要配乐，而谣就不用。所以《毛传》中写"曲合乐曰歌，徒歌曰谣。"

依据现在的史料记载，我们可以看出，中国的"歌"文化，是源远流长的。

在古代宫廷中专门设有演奏、歌唱的人，叫歌工。通常我们说的歌女，是指以唱歌为生的女子，又叫歌妓或"歌伎"。为什么说"通常"说呢？因为这里面有个小插曲，就是在中国古代蚯蚓有个别名也叫"歌女"，晋代崔豹《古今注·鱼虫》中就有："蚯蚓……擅长吟于地中，江东谓之歌女"。当然这蚯蚓是否真的能长吟于地中，可没有人去追究考证。

不过"歌"延伸出的意义确实是非常丰富的，它既可以表示歌颂称赞，又可以指鸟的鸣叫——莺歌燕舞，还是古代诗歌的一种体裁，比如白居易的《长恨歌》、杜甫的《茅

甲骨文

词
金文

歌
小篆

歌
楷书

屋为秋风所破歌》。此外和"歌"有关的成语、典故也非常的多。

在《庄子·至乐》中有这样一段涉及"歌"的有趣对话。庄子的妻子去世了，惠子来悼念，到了庄子家门口，看见庄子面无悲色，而是坐在门口拿着一个瓦盆，边敲边唱。所谓"庄子妻死，鼓盆而歌"。当时惠子很诧异，就责备庄子，说你这也太不近人情了，不哭也就罢了，怎么还能唱歌呢。庄子则很平静地回答说"……形变而有生，今又变而之死，是相春秋冬夏四时行也。"什么意思呢？大意是我庄子之所以在这儿不哭反倒唱歌，是因为这人死是一种复归，人的生死如同四季运行一样。你看，我的妻子已静静得安息于大自然了，我有什么好哭的。

话虽说得不多，但从这段"庄子妻死，鼓盆而歌"的交谈中，我们能看到庄子面对生死的达观，更能体会到中国道家顺其自然的哲学理念。因此庄子的"歌"，是他遵行"大道"的一种潇洒。

只是在世间，这种潇洒的歌者向来是寥寥无几。而弄潮一时的歌功颂德者却历朝历代从不停歇。如今，同样一个歌字，是鼓盆而歌？还是歌功颂德？就是我们每一个人自己的选择了。

说文解字，今天就到这儿，我们下期再见！

中国字，天下事，欢迎来到说文解字，我是庄婧。说文解字，今天我们来解一个"国"字。

在《现代汉语词典》中，"国"字的头条解释是有土地、人民、主权的政体。这一听就是个大的概念，往往我们一提起"国"首先想起的也都是"国家"、"国际"、"国土"这些听上去就挺大的词儿。然而对于中国人来讲，这些大词儿和我们这些微小的个体又是那么紧密，比如困难的时候，我们喊"国家兴亡，匹夫有责"，日子好起来点儿了，我们津津乐道于"中华复兴，大国崛起"。中国人骨子里的家国概念，那在世界上是数一数二的。

东汉许慎在《说文解字》中讲"国（國）"，邦也，是个会意字。从"囗（wéi）"从"或"。其实"国"的最初字体就是"或"，甲骨文字形，见右图。"或"字里的口表示城池，意思是以兵戈守卫城池。经过发展，"或"字外面加了一个方框，强调自己的边界用武力守卫，这就是国家的"国"了。

甲骨文

右边我们可以看出"国"字从甲骨文经金文到小篆、隶书的演化过程。今天在台湾、香港等地"国"字依然写作"國"。大陆的简体字"国"是1956年简化的。据说当时有很多种方案，最后有人提出我国的玉文化有着悠久的历史，从玉很得人心，于是从众多备选中，从玉的国字脱颖而出，修成正果。

金文

历史上对"国"的修改还有很多，例如有名的女皇帝武则天当政时期，总觉得这国中是一个"或"，有点像"疑惑"的"惑"，不吉利，于是干脆改成了她自己的姓儿"武"。

小篆

隶书

像后皇天则

后来有人进谏，说您这是画地为牢，把自己圈进去了，更不吉利。于是这武则天又将武改成了象征"八方"的"分"，说这四面八方都让我罩住了，可无奈老百姓不太认这个字，再加上武则天匆匆地下了台，也就没有流传开来。

到了太平天国时期，洪秀全自称天王，为了将这个"国"字和他的思想统一，1853年发布诏令将国字改为"囗"中是"王"，并将它确定为国家政权专用字，其他国名、地名只能用"郭"来代替。不过洪秀全的这个国字也只用了十多年。从武则天到洪秀全，这种种的修改都成了国字演化过程中的小插曲。

不过在纵横几千年的演化过程中，还有一个"国"字应该提到，那就是魏晋南北朝时期的"国"，当时这"囗"中是一个"民"字，大有一种"国以民为本"的意思。其实直到今天，我们谈大国崛起，都离不开国民本身。没有大国国民何来大国？如何造就大国国民，该是当国者必须考虑的问题。

说文解字，今天就到这儿，我们下期再见！

中国字,天下事,欢迎来到说文解字,我是庄婧。说文解字,今天我们来解一个"梦"字。

"梦"——中国人很熟悉,在老祖宗留下的《周礼》中就有专门对于梦的分类和解释。外国人也不陌生,奥地利人弗洛伊德以"梦"为依托写出《梦的解析》而使其成为精神分析学的创始人。"梦"谁都做过。李太白抒情言志写下《梦游天姥吟留别》,曹雪芹回味半生著有堪称中国古典文学巅峰之作的《红楼梦》。

追根溯源,在三千年前的商朝,"梦"字已经在甲骨文中出现。我们常见两种写法,都非常形象。先来看第一个,左边是一张床,右边一个人躺在床上,显然是睡觉正在做梦的意思。第二个更有意思,一个人还是躺在床上,做了个噩梦,惊出了一身冷汗。大家看到上面的小点儿就是汗滴的意思。至今在金文里我们没有发现"梦"字,不过小篆中倒是有。在隶书里,就是我们常见的"梦"的繁体字。据说在宋代的时候,大书法家蔡襄根据民间的通俗用法,把繁体字"夢"写成了今天简体字的样子。目前我们用的就是这个字。

东汉许慎的《说文解字》中写有:"梦,寐而有觉也。"就是说,在睡梦中就像有知觉似的。

现代科学认为,梦是人大脑活动的正常现象,是脑的一种正常功能。成语"梦寐以求"用的就是梦的本义。这个成语出自《诗经·周南·关雎》,原句是:"窈窕淑女,寤寐求之。" 寤寐,就是梦寐。意思就是在做梦的时候都在追求自己心爱的女子。形容心情追切,强烈地追求。

还有一个和"梦"有关的成语大家非常熟悉,那就是

甲骨文

小篆

隶书

"黄粱一梦"。关于这个成语的典故不止一个,其中流传最广的要数八仙过海中的八仙之一吕洞宾的"黄粱一梦"。吕洞宾在八仙中最为出名,有关他的传说非常多。据说在他成仙之前,汉钟离和吕洞宾一同留宿在酒店中。汉钟离给吕洞宾做饭,吕洞宾睡着了,他梦见自己考上了状元,官场得意,子孙满堂,荣华富贵。但是突然间,他又被判了重罪,家产被没收,妻离子散,到老穷苦潦倒,独自站在风雪中瑟瑟发抖。就在他刚要叹息的时候,突然间梦醒了,这个时候汉钟离的黄米饭还没熟呢。汉钟离对吕洞宾说,"你刚才的梦,人世间的荣辱都经历了,五十岁就像一刹那,得到的不值得欢喜,失去的也不值得悲伤,人生就像一场梦。"于是吕洞宾下决心弃家拜汉钟离为师,入终南山修道去了。在今天,我们往往用"黄粱一梦"比喻那些不能实现的梦想,或者指代空欢喜一场,近义词还有"黄粱美梦"。

由睡梦这个含义,梦又渐渐的延伸出了虚幻和空想的意思,苏轼在《赠清凉寺和长老》中写道:"老去山里徒梦想,雨余钟鼓更清新。"这一词义沿用至今,衍生出了梦想、梦境、梦幻等词。其实"梦"在千古文人骚客的笔下不曾寂寞,只是有的人视梦想为目标积极入世奋斗,有的人视梦想为虚幻出世换得一种豁达的逍遥。出世入世对于中国士大夫都来得踏实,最怕的是半梦半醒,进退维谷,浑浑噩噩地了此一生,那才真的是一场噩梦了。

说文解字,今天就到这儿,我们下期再见!

中国字,天下事,欢迎来到说文解字,我是庄婧。说文解字,今天我们来解一个"文"字。

"文"这个字我们很熟悉,是现代的常用字。它可以表示文字、文章,也可以指文学文化,当然还可以组词指代那些文人墨客。总之在"文"身上透着那样一股书卷气,显得温文尔雅。然而,您可能想不到这"文"字最初就是一个人,但并不限定在文人身上,而是一个浑身都有文身的人。

甲骨文与金文的"文"字形基本相同,由字形我们看出,它像是一个胸腔特别宽大,在身上刺有花纹的正面站立的人。字的上端是头,向左右两边伸展的是两臂,宽阔的胸前刺有文身,下面明显就是两条腿。由字形的结构,间接透露出文身历史的悠久,早在三千多年前的商代就已经形成。当时文身的图案多是飞禽走兽,一般是一个部落的图腾标志。《庄子·逍遥游》里就记载,"越人断发文身。"

东汉许慎《说文解字》里讲,"文,错画也,象交文。""文"的本义就是"纹理",线条交错而成的花纹。这个"文"也被看成绞丝旁"纹"的古字。

汉字就是古人对事物的观察描画,文字的笔画就像纵横交错的花纹,所以"文"后来引申为"文字"的"文",比如甲骨文、金文、篆文等等。《孟子·万章上》里有,"故说《诗》者,不以文害辞,不以辞害意。"宋朝朱熹注,"文,字也。"这句话的意思是:所以解读《诗经》的人不要拘于文字而误解词句,也不要受词句的影响而误解原意。

"文"后来又指文章、文献。因为古代的铜钱一面铸有文字,所以称钱一枚为一文,形容什么极其廉价,就说那

甲骨文

金文

小篆

楷书

是一文不值。

我们平时说的"文房四宝"就是笔墨纸砚的统称。文房即书房，其实对于这些文具的制作和类别是非常多的，也很有讲究，历代都有著名的制品和艺人。如安徽泾县的宣纸，歙（shè）县的徽墨，浙江湖州市的湖笔，广东高要的端砚，至今还是非常著名的。

由最初身上刺有文身的人到今天我们说的文人，"文"的字意也发生较大的改变，人们在口语里会用到一个词"斯文"。最初"斯文"是指代周朝的礼乐制度及文化，后来"斯文"开始泛指读书人，所谓"斯文扫地"指文人极没有地位，也指读书人丧尽脸面。我们了解"文"字的演进，明白了"文"的由来，它是纹理，是古代先民崇拜的图腾刻画，其实文人也如同一个时代的纹理记录，了解他们的境遇，他们的生存环境，就了解了一个时代的文明程度，斯文扫地的历史是古老文明的悲哀，对于文人的重视和关照，体现着一个时代的开明和进步。文以载道，千古不变。

说文解字，今天就到这儿，我们下期再见！

中国字，天下事，欢迎来到说文解字，我是庄婧。说文解字，今天我们来解一个"宝"字。

"宝"字义明确，是一个常用字，通常指珍贵的东西。我们常说宝贝、宝石、珠光宝气还有文房四宝，普遍来看人们认为那些名贵、珍稀、价格高的东西是"宝"，同时每个人又因为自己的审美、偏好，有属于自己眼中的"宝"。那么对于"宝"字就有了一个疑问，古人造字的时候，如何通过字形构造表现"宝"的意义呢？或者说在古代，人们以何为"宝"呢？这种价值判断，其中可蕴含着大学问。

字形演变是找出答案的钥匙。现在我们使用的"宝"字是楷书简化字，一个宝盖头下面一个玉字，字形结构非常简单，可是在繁体字里它就复杂多了。我们可以看到在这宝盖头代表的屋子里，有一串玉，有一个贝，还有一个盛放东西的缶。楷书"寶"这种写法直接脱胎于小篆，需要强调一下的是"玉"起初就是三横一竖，并没有点，带点的玉是后来才有的。玉石呢，在古代是珍宝的象征，在中国传统文化里它有洁白美好的寓意，后来甚至升华为高尚纯洁，是古代道德观念"德"的一种器物化的象征，人的品格如果可以用美玉来形容，那这个人就堪称君子了。而那个"贝"，就是贝壳，在今天我们不把贝壳当做什么稀罕东西，但是由于古代中原地区远离海滨，所以贝壳极为稀有，要么靠进贡，要么靠商业交换才能得到，所以人们看得很重。臣子立了大功，才能因帝王的赏赐而得到贝，所以"宝"中有贝也是顺理成章。至于那个盛器"缶"，有学者说是用它来盛放玉和贝，也有说"缶"古音读"宝"，是用来表音的，至今还没有定论。总之从小篆中的"宝"，我们可以看出在一个屋子里有"玉"和"贝"，那就

甲骨文

金文

小篆

楷书

可以称之为"宝",所以"宝"最初的意思是"珍藏",后来引申为"珍贵之物",也就是宝贝。在《史记·项羽本纪》里有,"沛公欲王关中,使子婴为相,珍宝尽有之。"这里的珍宝就是指珍贵之物。刚才我们看到的是小篆中的"宝",其实"宝"在最初的形态倒是和简化字很相似,屋子里面就只有"玉",而"贝"和"缶"则是在字形演化过程中逐渐加进去的,或者说如今的简化字是对"宝"最初字形的恢复。

东汉许慎《说文解字》里记,"宝,珍也。"简单明了,这个"珍",这种对"宝"的认识,却蕴含着更深层的道理。在《孟子·尽心上》里写道,"诸侯之宝者三:土地、人民、政事。宝珠玉者;殃必及身。"意思是诸侯的宝贝有三样,土地、人民和国家大事。如果只是以珍珠美玉为宝物,祸患一定降临到他的头上。由此"宝"引申为一种美德或者重要的理论,《左转·襄公十五年》中记载宋国的一个人要送给楚国的当权者子罕一块宝玉,子罕不收,那个人以为子罕认为这玉的成色不好,便解释说已让工匠检验过绝对是稀世的一块宝玉,子罕说道,"你以玉为宝,我以不贪为宝。如果给了我,我们俩人都失了宝,还是让我们各自留着自己的宝吧。"这个典故告诉我们,宝未必是物质的昂贵,而可以是美德,是精神的可贵。所以今天我们常用宝贵来形容一种难得的精神气度。

以何为"宝"可以看出一个人的精神追求,也可以折射出一个时代、一个社会的价值评判标准。

"贝"在"宝"中,财富优先可以看成是以"贝"为宝,民众以富为荣,对首富顶礼膜拜,将资产的占有作为第一要义,那么这就是个"贝"为"宝"的社会。

"玉"在"宝"中,玉在中国的传统文化中象征高尚温润的君子之风,将德行作为第一要义,将道德、学识、气度视为对一个人的首要评价,那么这就是个以"玉"为"宝"的社会。

以何为"宝"成为一种观察的角度。

说文解字,今天就到这儿,我们下期再见!

玉石呢,在古代是珍宝的象征

中国字，天下事，欢迎来到说文解字，我是庄婧。说文解字，今天我们来解一个"草"字。

"草"最早是个象形字，甲骨文中有两种写法，我们可以看出它的字形就是小草长出地面，非常的直观、形象。

今天我们用的"卉"字，本体字表示的也是小草。在甲骨文里是三株幼苗重叠在一起，表现一丛小草郁郁葱葱。

另外在占义里，还有四株幼苗重叠排列的字形，表示所有草的总称，读作"莽"，今天这个字已经很少见了。

甲骨文

不过由此我们可以看出，表示"草"这个意思的古汉字有很多，可以说是"天涯何处无芳草"。

"草"作为一种植物，根据它自身的生长特性，用作比喻的意向非常多。

小篆

在中国古代，人们认为野草没有任何用处，粗野杂乱，所以往往用"草"构词表示那些微不足道，没有价值，粗鄙的东西。比如草纸，指质量粗糙低劣的纸张。草稿，指初步完成还没有最终确定的文稿。在成语里有"草菅人命"，比喻把人看作野草，可以任意杀害，剥夺他的生命。菅，也是一种草本植物。"草菅人命"这个成语典故其实出自汉代，汉文帝让文学家贾谊做自己小儿子刘揖的老师，贾谊说："我做皇子的老师，不仅要教他读书，更要教他做人，不能像秦二世胡亥那样视人民如草芥，草菅人命。"

隶书

不过这"草"的轻微、粗鄙、潦草也并非一无是处，潦草出了美感，就成为一种开创。比如书法里的草书，其实最早就是为了写得快才这样行云流水的写下来，但到了汉元帝时期，有一个大臣叫史游，写了一篇文章叫《急就章》。汉元帝很喜欢里面的字体，允许大臣们用这种字体来写奏章，后人呢，就将这种字体确定下来称为"章草"了。

到了东汉的时候，有"草圣"之称的张芝将草书进一步发展。去掉了隶书的笔势，写起字来更加挥洒自如，被后来人确立为"今草"的开端。张芝的代表作《中秋帖》被称为"一笔书"之祖，世传张芝的"一笔书"到晋代也仅有王献之独得其法。畅快淋漓的笔法叹为观止。

之后还有我们知道的唐代书法大家张旭和怀素，这二人将"今草"书写得更加放纵，可以说是笔走龙蛇、狂放不羁，所以人们将其称之为"狂草"。"狂草"狂出了艺术的美感，但作为表情达意的文字，看起来已经不太好辨认了。

总之由粗鄙潦草的"草纸"到行云流水的"草书"，"草"的本意在不断地延伸。最后，我们还要提一个"草"略显沉重的象征意义，那就是鲁迅先生笔下的"野草"。《野草》是鲁迅在五四后期的一本散文诗集，用他的自己的话说，写于他颓唐苦闷"常碰钉子"的几年。他在《野草》题辞中写到，这大地不生长乔木只长野草是罪过。野草生存的时候，是遭人践踏的，直到死亡腐朽。他还说他希望这野草的腐朽火速到来……

对于这一时期鲁迅笔下"野草"的象征意义，后人的评述非常多。不过当我们跳出这许多猜测和揣度，当一个人、一种思想本身像野草一样坚韧、执著，不断抗争生生不息，我们会看到一个时代里，那样几个冷静的思想者。尼采说，一个伟大的时代需要几个孤独的灵魂。鲁迅的时代如此，在当下的大地上依然会有也需要野草生长。

说文解字，今天就到这儿，我们下期再见！

中国字，天下事，欢迎来到说文解字，我是庄婧。说文解字，今天我们来解一个"茶"字。

相信很多人都有饮"茶"的习惯，"茶"在中国，历史悠久。古代人品茗赏月、吟诗作画，那些雅致的水墨山水很多都是在一盏香茗之后画出的。"茶"在中国的传统文化中有着特殊的地位，有着属于自己的风雅。但是你或许不知道，"茶"在中国虽然出现很早，但是"茶"这个字却是很晚才出现的。

早在公元前1世纪，史书上就有关于"茶"的记载。不过当时不叫"茶"而叫"荼(tú)"。如《本草纲目》上记载："神农尝百草，遇七十二毒，得荼而解之。"这里的"荼"就是茶的意思，在茶字出现之前，古人称茶为"荼"。东汉许慎《说文解字》里记载："荼，苦茶也。"北宋初年徐铉说："此即今之茶字。"南宋王楙(mào)《野客丛话》则说得更为明白："世谓之荼，今谓之茶。"从字形上分析，茶是荼减掉一横演变而来，它是一个后起的再造字。"茶"由草字头和"余"字构成，"余"在语意上有膨胀及舒缓的意思，就像茶叶泡在水中舒展开来。

小篆

隶书

中国人的饮茶习俗始于战国时代，六朝时渐渐大众化。唐代的陆羽曾作《茶经》一书，详细地阐述了茶的分类以及制茶饮茶的历史流变，此书被奉为茶文化的经典。陆羽在《茶经》中说："茶之为用，味至寒，为饮最宜。精行俭德之人，若热渴、凝闷、脑疼、目涩、四肢烦、百节不舒，聊四五啜，与醍醐甘露抗衡也。" 陆羽堪称是茶艺的集大成者，他所倡导的饮茶法，把饮茶提升为一种文化，一种艺术，一种精神，使天下人争相饮茶，有力地推进茶文化、茶科学、茶贸易的发展。

"茶，茗也，树似栀子，冬生叶，可煮饮。"饮茶可使人神清气爽，不过最早茶并不是饮料，而是入药治病用的，后来慢慢成为人们日常的饮品。除此之外，茶籽可以榨油，俗称茶膏。宋代诗人陆游的诗中有"银毫地绿茶膏嫩，玉斗丝红墨浑宽"的诗句为证。

茶叶由于其原料产地不同，分类非常细致。知名的茶品有杭州西湖龙井、江苏苏州洞庭碧螺春、太平黄山毛峰、安溪铁观音、云南普洱茶等等。有人说到的"工夫茶"，其实就是乌龙茶，也就是青茶，是一类介于红绿茶之间的半发酵茶。因为乌龙茶在六大类茶中工艺最复杂，泡法也最讲究，所以喝乌龙茶也被人称为喝工夫茶。

饮茶不仅要有良好的技艺、品茶技术，古人更把饮茶看成个人修养的象征。同时赋予"茶"很多人格化的品格，比如："苦而有味，如忠谏之可治国；多而不害，如举世之能得贤。"

古人茶品如人品的说法，描画出茶艺中徐缓有度的技法和人心境恬淡的呼应关系，任凭雨打风吹，闲庭信步，清茶一盏。中国的茶艺吐露出的是中华文化中的大度和悠然，纵有千丝万缕愁绪，苦味人生，却来得恬淡、走得自如，融入中国茶文化，由茶艺而入人心。让我们感受和传承。

说文解字，今天就到这儿，我们下期再见！

中国字，天下事，欢迎来到说文解字，我是庄婧。说文解字，今天我们来解一个"车"字。

今天简体的"车"字，和我们身边的车在外形上差别很大，而车的繁体字形式"車"也因为出现在中国象棋当中，而成为我们最熟悉的繁体字之一。看到这个繁体"車"字，你能联想到车的模样吗？车字在文字衍变的漫漫长河中经历了怎样的变化？

《说文解字》里面对于"车"字的解释是："舆轮之总名也。"我们知道，舆是指车厢，轮是指车轮。这句话的意思也就是说：具备车厢和车轮这两样就是"车"了。这和今意的解释八九不离十，就是指陆地上带有轮子的运输工具。

中国是最早使用车的国家之一。传说里面黄帝时代就已经有了车，许慎在《说文解字》中认为是夏朝奚仲所造，奚仲也被称为"造车始祖"。不管车是谁造的，当时的车主都是为战争服务，也就是说造的都是战车。后来考古发现最早的就是安阳出土的商代战车。

从甲骨文中我们就可以看到当时车的形状，"车"字也最为形象。可以说就是一辆辆车的平面图。不过这个"车"写起来十分麻烦，除了今天我们熟悉的轮子形状之外，还有中间的舆、车辀、衡、套牛马脖子用的轭等一大堆物件。

在金文当中"车"字有所变化，整个车竖了起来，省去了那啰啰嗦嗦的一大堆。"双轮一轴"变成了核心的表达形式。甲骨文里的"车"字则较为灵活。由于刀刻的缘故，有些车轮不太圆，更像长方形或椭圆。有的将车厢省去。有

甲骨文

金文

小篆

隶书

的省掉车辖。不过虽说古文字的结构不稳定，笔画部件常有增减，但"车"字的双轮形象始终都在。

但是到这里，这个"车"字写起来依然繁复，后来人继续简化，扔掉所有附件，把两个轮子各自用一小横来代表，中间的车厢留下，车轴留下，就简化成了这个样子。正过来看正是小篆当中我们熟悉的"车"字。

有趣的是，今天通用的简体"车"字并不是今人所创，简体"车"字其实来源于东晋以来书法家们在书写时的随性创作。我们大家都知道，作为书体的一种，草书的特点是笔势流畅、狂放不羁。正是在书写草书时，一批大书法家比如王献之、怀素、颜真卿、苏东坡都不拘章法却又不约而同地将"车"字简写为这个样子。所以可以说，现在通行的这个简体"车"字，正来源于书法草书，是书法家们集体创作的成果。

车为战争而制造，古代的战车在岁月的推进当中开始了它载人运物的生涯，于是车变成了一种交通工具陪伴在我们身边，进入了我们的生活。直到十九世纪，现代汽车诞生，人类学会了奔驰。如今，交通拥堵、环境污染、事故频发，无论是每周少开一天车还是单双号限行都不能从根本上解决汽车社会的顽疾。现代汽车每辆至少由上万个零件装配而成。我们是否可以期待有一天，生活中的车如同今天我们讲的这个"车"字一样，也能从繁到简，让它与环境更好的相处。

因为无论如何，对环境的尊重才是一切创造的尺度。

说文解字，今天就到这儿，我们下期再见！

中国字,天下事,欢迎来到说文解字,我是庄婧。说文解字,今天我们来解一个"道"字。

"道"是个好解的字,因为千百年来就"道"的真谛——什么是"道",人们坐而论道已经很久了,答案很多。"道"也是一个难解的字,因为古往今来这么多大儒大哲——思想家,尚未道尽"道"的真谛——究竟什么是"道"。老子在《道德经》开篇就写,"道可道,非常道。"提纲挈领,可见这"道"的核心地位。在这就将这个"道"字演化的来龙去脉向您一一道来。

其实这"道"的本意并不复杂,东汉许慎的《说文解字》中,讲"道,所行道也。"就是指走的路,只不过要强调一下的是在古代"道"指的是有别于小路的大道。在甲骨文的字形上看得较为明显,一只脚踩在十字大道上,表示的就是人走的路。经过字形不断地演化,到今天我们用的简体字,这一点也依旧讲得通,"走之旁"加"首"还是表示人走在大路上,所以今天日常用的"道"还是指道路,比如人行道、快车道、国道等等。我们常说的成语"康庄大道"、"阳关大道"、"分道扬镳"取的也都是"道路"的本意。

当然,这"道"的奥妙不在本意,而在它的引申义上。

"道"作名词又有"方法、法则"的意思,朱熹在《四书集注·中庸》中讲,"即以其人之道,还治其人之身。"意思就是,用那个人对付别人的方法回过头来对付那个人。后来人们用这句话来指用他本人的办法回过头来对付他自己。

"道"还可以引申为"道理"。韩愈在《师说》中就讲过"师者,传道授业解惑也。"意思就是说,老师是做什

甲骨文

金文

小篆

隶书

么的呢？是传授道理、教授学业、解释疑难问题的。

由"道理"这个意思又延伸指"道德、道义"，在《孟子·公孙丑下》中有"得道者多助，失道者寡助"这样的句子，意思就是拥有道义的人得到的帮助就多，失去道义的人得到的帮助就少。这还是孟子讲"施仁政"的好处，所谓的仁政，简单讲就是以德服人，而不是单靠武力来争夺天下。

除此之外，还有我们经常会在报纸刊物上看到俗语"道高一尺，魔高一丈"。这里面的"道"指止气，"魔"指邪气。这句话本来是佛家告诉信徒不要受外界诱惑，意思是正气很难修得，而邪气却很容易高过正气。后来比喻为了正义去拼搏，必定会受到敌对的压力。也指有了些成就之后，困难会更多。今天还有很多人用它的反义"魔高一尺，道高一丈"来表示邪不胜正。

总的来说，"道"字的引申义是很丰富的，而它的哲学意义就更加复杂了。庄子讲"道不当名"，就是说不可能给"道"提出明确的界定。韩非子说"道是万物之源"，说它是世界万物依循的总规律。在哲学意义上，大道是自然是规律是不能言说。但是其实在每个人心中也有一个道，它也是哲学，是为人的哲学，它也是道，是反求诸己。是"虽千万人吾往矣"，是"独立之意志，自由之精神"。自然之道让我们思考，内心之道等待我们建立。

说文解字，今天就到这儿，我们下期再见！

中国字，天下事，欢迎来到说文解字，我是庄婧。说文解字，今天我们来解一个"典"字。

"典"在现代汉语中出现的频率较高，读书认字我们要查字典、词典。继承传统文化，我们要回归到对经史典籍的细致研读上来。从商从政都必须知晓和遵守行规法典。在现代语境中，"典"是一种规范或者制度，它有时体现为社会常识，有时体现为不容侵犯的法理。那么在古代，人们创造"典"字的时候，最初赋予它的是怎样的意义呢？

甲骨文中的"典"，从形体上观察，上面是一个表示书籍的"册"字，下面是一双手。意思是：时时用双手郑重其事捧起来的书册，方能称之为"典"，可见这"典"的本义是指重要的文献书籍。金文和小篆形体略有变化，在小篆中一双手变成了供放物品的架子，但也同样体现着上面书册的珍贵。东汉许慎的《说文解字》中解释说，"典，五帝之书也。"五帝是传说中的上古帝王，在古人心中地位显赫，许慎的意思是"典"就是把五帝的书册编排起来放在尊贵的位置上，再一次印证了"典"的本义——重要的书籍。成语"三坟五典"，指的是传说中最古老的书籍。三坟是伏羲、神农、黄帝之书。五典是虞舜等五帝之书。三坟五典又简称为典坟，可以泛指各种古书。

"典"字的诞生反映出中华民族自古爱护书籍和尊重知识的传统，体现了先民对文化知识的向往与景仰。饱读诗书，遵从经典成为人们做人行事的一种雅范。然而这并非意味着所有被尊为"典"的书籍都是没有纰漏，毫无瑕疵的，也并不意味着人们可以不假思索地去效仿。带有指导性的、典范性的书籍如《康熙字典》在清代一度成为不容侵犯、不

甲骨文

金文

小篆

典

楷书

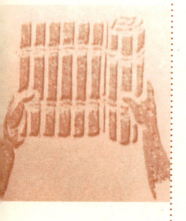

容挑错的书籍。《康熙字典》是清圣祖玄烨于康熙四十七年也就是1710年亲自下令，命张玉书、陈廷敬等三十余人，用了前后达六年时间编辑而成的，也是中国现存的第一部官修的字典。在清代，字典成了《康熙字典》的专名，然而这部御书却并非完美无缺。乾隆年间，文字学者王锡侯在他著的《字贯》中指出了《康熙字典》的多处错误，也因此被乾隆皇帝斩杀全家，成为一段公案。这一血腥悲剧之后，再无人敢对《康熙字典》加以批评，直到道光七年，王引之才奉道光之命，作《字典考证》十二卷，纠正《康熙字典》引书错误2588条。而这还远不是其错误的全部，由此可见任何"典"都不应成为我们盲目的追捧的对象。

我们说要继承传统文化，我们就必须耐下心来认认真真地读读记载先人言论的经史典籍。认真地研读是了解的前提，通识而不迷信又是继承发展的前提。在今时今日如何面对经典，这样一个宏大的命题再一次摆在世人的面前，回顾百年中国历史，对于这些"典"所承载的传统，一直激荡在背弃和弘扬的浪潮之中。国人向来愿意在争执中，在反抗中矫枉过正。如果说顶礼膜拜确实不妥，以偏概全谓之糟粕则更是不该。站在历史潮头的这一辈人再论经典，起码应该明白今天矫枉真的不必过正了。

说文解字，今天就到这儿，我们下期再见！

戈

中国字，天下事，欢迎来到说文解字，我是庄婧。说文解字，今天我们来解一个"戈"字。

"戈"我们并不陌生，今天有关"戈"字的成语有很多，比如"枕戈待旦"、"大动干戈"。"戈"是一种进攻的武器。《荀子·议兵》记有："古之兵，戈、矛、弓、箭罢了。"意思就是说古代的兵器无非就是戈、矛、弓、箭，可见"戈"是华夏民族一种传统的兵器。人们常说的"大动干戈"，"干"是指盾牌，"戈"呢，就是这种长柄、横装刃器的武器。它的外形很像戟，东汉许慎的《说文解字》就有："戈，平头戟也。"这种武器按长度分为两种，用于车战的长戈一般为三米，步兵手持的戈多长一米四。

"戈"是一个象形字，在甲骨文里就是一个兵器的形状。兵器"戈"由钩、纳、援、柲、鐏等部分构成，在甲骨文的最初形态里我们可以找到各部分的影子，横出的进攻部分称为"援"，"柲"就是长长的柄，"鐏"就是兵器尾部的脚叉，插地用的，"纳"则看上去像个斧背，也是具备杀伤力的。不过从甲骨文到金文，"戈"发生了很大的变化，兵器结构上的钩、纳、援、柲、鐏等部分已经不太清晰，失去了原来的面貌。在金文的基础上进而发展出篆书，到汉隶书就和现在的"戈"字非常相像了，直到演化成今天的楷书。

因为"戈"的形状看上去像公鸡打鸣，所以"戈"又称为"拥颈"、"鸡鸣"。我们之前说的"枕戈待旦"，"旦"是指早晨，就是说枕着兵器睡觉到天亮。形容时刻做好迎战准备。语出《晋书·刘琨传》："吾枕戈待旦，志枭逆虏。"

甲骨文

金文

小篆

隶书

戈的部件名称

传说孔夫子周游列国,到了一个叫陈蔡的地方,七天吃不上饭,还弹琴唱歌。他的弟子子路则凛然地站在人群中"执戈而舞",吓唬那些围上来的流氓地痞,保护师徒。可以说这"执戈而舞"是历史上"戈"这种兵器最有气度和气节的一次挥舞。虽然贫困却讲学四方,师傅在后面弹琴,徒弟在前面执戈跳舞。

由于"戈"是一种兵器,所以后来也泛指战争。比如杜甫在《秦州》一诗中有名句,"凤林戈未息,鱼海路常难",这里的"戈"就引申指战争。在很多气势磅礴的诗句中"戈"都有体现,比如南宋词人辛弃疾在《永遇乐·京口北固亭怀古》中的豪迈词句"想当年,金戈铁马,气吞万里如虎。"这首词也被称为是豪放派词的代表作。

此外在我们现在生活中常用到的词句比如"倒戈"就是指自己人反过来攻击自己人,语出《书·武成》描画的是殷纣王残酷无道,自己的军队都调转兵器——"反戈"。而我们今天说的"戈壁"则是一个由蒙古语翻译过来的词,在蒙古语中是"难生草木的土地",也就是我们常说的荒漠。

从《荀子》中的常用兵器到泛指战争,"戈"的用意在不断地延伸。然而就"戈"这件兵器本身却早已成为历史。"戈"作为一种青铜兵器显赫一时是在商周两代,公元前三世纪新式钢铁武器"矛"的出现代替了"戈",此后所谓"洋枪洋炮"又代替了"大刀长矛",热武器逐渐替换了冷兵器。而今天的战争,世界上的"大动干戈"就更不是一人一城的生死存亡,很可能是一场"零和游戏"。如今核子时代的毁灭性战争带来的不是征服而只有玉石俱焚。所以今天我们说"戈"——古代华夏民族的一种兵器,则更要说"戈"的一个典故,那就是《左传》中记载的"止戈为武"。《左传·宣公十二年》记有:"臣闻克敌,必乐子孙,以无忘武功。楚子曰:'非尔所知也。夫文,止戈为武。'"

说文解字,今天就到这儿,我们下期再见!

弓

中国字，天下事，欢迎来到说文解字，我是庄婧。说文解字，今天我们来解一个"弓"字。

"弓"是个字形结构简单的汉字，人们常用的语义就是射箭用的弓。在现实生活和诗词歌赋里，我们都能领略到它的风采。毛泽东在《沁园春·雪》里笑，"一代天骄成吉思汗，只识弯弓射大雕。"司马迁在《史记》中记载，"飞鸟尽，良弓藏，狡兔死，走狗烹。"无论是尚武精神的"弯弓射大雕"还是心有悲戚的"良弓藏"，"弓"说的都是那壮士手中的武器。"弓"的历史悠久，"弓"字出现的时间也很早。

"弓"是个典型的象形字，在甲骨文里常见的写法有两种。金文的形体基本相似。小篆则是甲骨文和金文的简体。由于"弓"是弯曲状的，因而也引申为"弯"、"弯曲"，如"弯弓曲背"。关于弓箭的发明者，古籍中记载的很多，也有不少民间的传说。有的说"伏羲作弓矢"，也有的说"黄帝作弓矢"，还有的说"羿作弓"，这些说法都不可靠。考古发现，在距今三万年前的山西朔县峙峪文化遗址中有石镞，这表明当时先民已经使用弓。早期的弓为竹或木制，容易腐朽难保存下来。虽然没有实物，但可以想象，最初的弓和现在小孩子的玩具没什么两样。将一根竹片或者树枝弯过来，用一段绳子系紧，拉住两端，便成一张弓。这种弓，大致是个半圆形，再确切点说，是段圆弧形。但是对比汉字我们会发现，"弓"并非是一个简单的圆弧，而是中间有曲折的。这中间多的一道弯是非常有讲究的，可以说，它是古代制弓技术的一大进步，是一个有标志性的进步，这种中间反曲了的"弓"发射威力明显增大。

甲骨文

金文

小篆

楷书

弓箭作为远射兵器，在春秋战国时期应用相当普遍，被列为兵器之首，贵族将门之子从小就学习射箭。"射"作为一种技艺是公卿大夫必须通晓的"六艺"之一，不仅在国君会盟、宴会上被视为一种礼仪，而且在民间风俗中也以它为礼节。哪家生个男孩，门口便挂一张弓，期待男孩长大后，勇武有力，能弓善射。

汉代时，制箭工艺有了新的发展，造出用于步战、水战、骑战的各种弓箭。《前汉演义》中描述，汉文帝时，周亚夫迎战吴楚兵"前驱发出弓弩手，连环迭射，后队发出刀牌手，严密加防"。又有：敌兵"群镞齐飞，争注汉军"；汉高祖"冒矢督战，毫无惧色"。汉代著名的"飞将军"李广，曾以其百步穿杨的射箭绝技威震边关，使匈奴不敢进犯。据说，李广使用的箭名叫"大黄箭"，常有"强弓四射，箭如飞蝗"之说。

弓箭在人类的历史上曾经是盛行一时的杀伤力很强的武器。我们的祖先在原始丛林里，面对强健于自身的猛兽多半是要利用弓箭的，因为它能形成较远距离的杀伤，保护自身的安全。在今天，随着科学技术的日新月异，"弓"早已进了博物馆，不会再出现于现代战争的硝烟中，取而代之的是越来越远的"飞弹"，越来越精确的"制导系统"，然而武力的弓总有成强弩之末的时候，彼此的杀伤也已经进入了"零和游戏"的困局。其实每个人的心里都有一张弓，作为保护的"弓"，最为有效的莫过于微微弯曲的身形，彼此之间的"躬身相让"，由"弓"到"躬"是和睦，"藏弓"也期待成永久。

说文解字，今天就到这儿，我们下期再见！

中国字，天下事，欢迎来到说文解字，我是庄婧。说文解字，今天我们来解一个"关"字。

在现代汉语中，"关"字的义项很多。既可以指征收进出口货税的机构，如海关、关税。又可以指重要的转折点，不易度过的时机，比如难关、年关。"关"可以是拘禁，可以是合拢，又可以指关联。和"关"相关的词汇非常多，但是如果回归到汉字最初的形态，您会发现它最重要的义项就是关隘——古代在险要地方或国界设立的守卫处所，如李白的诗，所谓"一夫当关，万夫莫开"。

"关"字在我国最早的甲骨文中还没有出现，直到西周金文中，才有了第一个"关"字。它的外面是一个"门"字，门中的"十"代表的是甲盾一类的兵器，意思是有武器的关口。这种字形结构告诉我们，"关"字一问世就和军事有着紧密的联系。到了春秋时期，"关"字形又有了新的变化，意思是"陈二甲盾于门"，含义大致相同。"关"是古代设置在边境上的门户，如玉门关、阳关、剑门关等。《初学记》卷八写道，"关在境，所以察人御出也。""关"常设置在地势十分险要的地方，打起仗来易守难攻，如函谷关、雁门关、潼关等等。在古代文人墨客的笔下，无论是塞外金戈铁马的报国情怀，还是远在异域的思乡之念，朗朗上口的诗句中，多提到这一座座关隘。

《乐府诗集·木兰诗》中有"万里赴戎机，关山度若飞"。

唐代大诗人杜甫的《塞芦子》中有"延州秦北户，关防犹可倚。"

宋代词人柳永《八声甘州》中记："渐霜风凄紧，关

金文

小篆

楷书

河冷落,残照当楼。"

除了有军事用途的"关隘"、"关口",关作为姓氏也由来已久。元朝的著名戏剧家关汉卿就是其中的一个代表。他曾任太医尹。一生从事戏曲创作活动。与马致远、白朴、郑光祖并称"元曲四大家"。所创作的杂剧流传下来的就有60多种,散曲达十余套。其中《窦娥冤》、《救风尘》、《拜月亭》、《单刀会》现在仍十分有名。其实,细数"关"姓人物中的代表者,人们第一时间想到的,很可能就是忠义的代表,三国时蜀国的关羽关云长。可是对于他的姓氏,清代梁章钜考证记于《归田锁记》中,说关公本不姓关,而是本姓为冯,名贤,字寿长。这种解释令很多人大跌眼镜。其由来并不复杂,据说是关羽早年行侠仗义杀人之后,逃至潼关,被守门的士兵追问姓名,他为逃避追捕,顺手一指关隘的名称,自曝姓关,以后久而久之,人们就以关姓相称了。

到如今,人们早已忘了谁是冯贤冯寿长只知道那鼎鼎大名的关羽关云长了。时过境迁,古时的雄关漫道在今天多已成为旅游景点,早已失去了据险御敌的职能。今天在国与国之间已经很难看到人为修起的城墙,更多的已经是为保护自身利益而筑起的无形的贸易壁垒。在现代都市的生活中,我们每天不用出入城门,砖瓦筑起的"关"早已不再,但是这并不是说基于我们心灵的"关"也一并敞开了,都市的孤独症愈演愈烈,人心灵的关口愈来愈窄,高效率催生的生活面临情感的疏离与隔膜,在今天,"关"依然需要我们冲破,打开心灵的关卡,抛开以邻为壑的自私,"门"中未必一定要有"甲胄"。

说文解字,今天就到这儿,我们下期再见!

中国字，天下事，欢迎来到说文解字，我是庄婧。说文解字，今天我们来解一个"钱"字。

"钱"是人们最熟悉的汉字之一，它伴随在我们的日常生活当中，人们通过货币交易穿衣吃饭，人们生活总是要花钱，所以离不开钱，但是在中国文人的传统观念里"钱"几乎是庸俗的代名词，文人士大夫是耻于谈钱的，似乎"钱"和利欲熏心、唯利是图等形而下的观念人生画上了等号。对此"钱"是很委屈的。不过无论高雅还是粗俗，人们似乎都知道钱是什么，知道它的用处。可是，如果回到古代，回到古人造字之初，可能人们的观念就要改变了，因为这"钱"它不是"钱"。

"钱"在中国古代本是一种农具，形状像今天的铁铲，读作"尖"。因为这种农具是用金属做成的，所以钱字的偏旁为金。把钱说成是货币，在周朝就已经开始了。那么本来是农具的"钱"为什么会指称货币呢？通常有两种说法：一种说法是，当时的一种货币就铸成了农具的样子。这是因为在古代，很多货币都是仿照人们的日常生活用品铸造的。另一种说法是古代的货币叫做"泉"，意思是货币的流动像泉水一样源源不断，因为"钱"与"泉"在古代读音非常接近，慢慢地人们就习惯用钱来代指货币了。中国使用货币的历史很长，货币的种类也很多。在秦始皇统一中国之后，废除了其他诸侯国的货币，规定天下统一使用秦国的货币，外圆中方的"孔方兄"。这种造型象征着"天圆地方"，反映了古时候人们对上天和大地的自然崇拜心理。中间的方孔在实际应用中也是很方便的，一是便于在制作中用器具打磨，二是可以在中间穿上绳子便于携带和储藏。

甲骨文

篆书

小篆

楷书

后代"钱"也常被称为钞票,那么这种说法从何而来呢?据考证"钞票"这种说法起源于北宋发行的纸币"交子",尔后金代发行仿效交子的纸币叫"交钞",也叫做"钞引",分为大钞和小钞。现代称纸币为钞票或简称钞,就是起源于那个时候。另外,在宋代以后,人们还把纸币叫做钱票。在中国古代,人们把类似这种信用机构叫钱庄。这些钱庄除经营存放款业务外,少数大的钱庄还发行钱票。后来在清朝末年,新兴的银行逐渐代替了钱庄。

货币流通在中国有着悠久的历史,因为货币——"钱"所具有的购买力,使得它幻化成一种物质象征,作为物欲的一种外化,中国传统文人向来耻于谈及。或者将其限定为"君子爱财,取之有道。"在并不遥远的记忆里,我们听到过对拜金主义的强烈批判,但是在更近的历史中,我们也体会着人们对物质财富的推崇。"钱"作为一种物质生活的象征物,常常蒙受委屈,时而被诬蔑为一身"铜臭",时而被鞭笞为唯利是图,对于人精神性的追寻一直占据着传统文化的核心位置,然而在市场大潮与社会变迁中却几经冲刷渐渐模糊,人们对物质崇拜与精神推崇的赞誉总是此起彼伏,互为修正。不过在任何时代,人们都向往一条精神安详的钱途,一种社会秩序、社会结构,能让我们正当地获得财富,不至于逼得一定要靠阿谀奉承、攀附权贵、行贿受贿才能富足。钱道,大可以站得正、坐得直,堂堂正正、无愧于心。

说文解字,今天就到这儿,我们下期再见!

中国字,天下事,欢迎来到说文解字,我是庄婧。说文解字,今天我们来解一个"寺"字。

寺庙是我们对"寺"最直接的认识,今天人们已经将这个字的意义定格在这一单一语义上。我们将佛教出家人居住的地方称为"佛寺",将伊斯兰教徒礼拜、讲经的地方称为"清真寺",可是如果仔细去研究历史古籍却会发现,在金文中出现的"寺"是常和"支持"的"持"通用的,它最早的意思也并不是"寺庙"而是"支持"。

马王堆汉墓出土的帛书《十六经》记有:"除民之所害,而寺民之所益。"这里的"寺"就当作"支持"讲。由于金文和小篆中的"寺"下半部分都像一只手的形状,所以很多学者推测说"寺"就是"持"的本字。然而这距离我们了解的"寺庙"语义似乎相差很远。这"寺"是如何由"支持"演化到"寺庙"的呢?这一转化过程中最重要的语义凭借是"寺"的引申义"官府"。《管子》一书就有"官府寺庙"据唐代孔颖达考证:"自汉以来,三公所居谓之府,九卿所居谓之寺。"三公九卿是汉承秦制设立的一种中央政府人事制度。现在我们经常能看到古书里太常寺、大理寺、鸿胪寺这样的名称,其实这些都是政府机构,也就是九卿的衙门。大理寺是主管审核刑罚事件,太常寺执掌祭祀礼乐,而鸿胪寺是负责接待宾客的。

在东汉许慎的《说文解字》里:"寺,廷也,有法度者也。"清代朱骏声的《说文通训定声》中解释为:"朝中官曹所止理事之处。"在许慎看来,"寺"就是"官府"。那么"寺"又是怎样从官府变成佛教庙宇的呢?据典籍记载,在东汉明帝的时候,天竺僧人摄摩腾、竺法兰两个人用

金文

小篆

寺

楷书

白马驮着佛教经典来到洛阳。明帝将二位高僧视为贵宾便将他们安排在鸿胪寺暂住，第二年又为他们特意兴修了一座宏伟的庙宇，为了纪念驮经的白马，将庙宇命名为"白马寺"。这里用"寺"无形中强调了它的"官修"色彩，也就由此开始"寺"逐渐成了佛教场所的专用字。唐代白居易《钱塘湖春行》有："孤山寺北贾亭西，水面初平云脚低。"这里的寺已是专门指寺庙了。在中国魏晋南北朝时期，佛教盛行，曾有"南朝四百八十寺，多少楼台烟雨中"的诗句流传下来。后来"寺"这种宗教处所的含义又延伸到伊斯兰教的庙宇上来。

由此我们看到"寺"这个字在汉民族的历史中，其实是一个和异域文化输出关系紧密的字，它像一个历史的见证，见证着具有极大包容性的汉文化对异域文化的借鉴吸收。今天我们说起古人的哲学观念，多提到儒、释、道，释家文化已经融汇到汉民族的文化土壤当中。由古代统治者推行支持的文化吸纳，既展现出一国开放求学的态度，也使得原为"支持"的"寺"有了更深远的文化内涵，在今天更可以作为一种文明交流的里程碑指导后人，以使中华民族的文化血缘更趋完善、更具胸怀。

说文解字，今天就到这儿，我们下期再见！

中国字，天下事，欢迎来到说文解字，我是庄婿。说文解字，今天我们来解一个"网"字。

说到"网"，在现代社会我们第一时间想到的已经不是"渔网"而是"互联网"了。无论是获取信息、买卖商品，现在我们都可以在网上进行。互联网蓬勃发展到今天，中国的网民数已经迅猛地跃居世界首位，学会上网，做一个网民，你才算跟上了时代的步伐。但是，如果您看看诸子百家的文章，或许会惊奇地发现"网民"非今日所独有。怎么回事呢？我们就来细细地观察一下这张"网"的历史。

甲骨文

"网"字在最开始的时候，并不是专指在水中捕鱼的"鱼网"，还可以指在陆地上捕鸟兽的工具。在甲骨文里，大家能比较清楚地看出来。两根棍子插在地上，中间挂着张网，很像我们曾经捕鸟的"粘网"，可以看出它是捕捉鸟兽的。《盐铁论·刑德》里就有"网疏而兽失"的说法，意思就是网眼大，野兽就跑掉了。

小篆

东汉许慎的《说文解字》讲："网，庖牺氏所结绳，以田以渔也。"就是说发明网的人是庖牺，也就是上古时代的伏羲，古人结网为了狩猎和捕鱼。在小篆中，我们已经能看出"网"很像今天渔民用的有纲有目的渔网了。后来"网"字又发生了复杂的变化，加上了形旁和声旁，但是今天已返璞归真被简化字"网"所代替。

隶书

除了字形，在字义上"网"也有很大的延伸。由捕鱼狩猎的工具扩大到像网一样的东西。看得见的有蜘蛛网、排球网，看不见的有法网、情网，这些都是用的比喻义。

在字形字义变化的基础上，"网"的词性也有变化，"网"还可作动词用当"捕捉"讲。我们先前说过的"网

民"是个名词,但是在《孟子·梁惠王上》一节中,"网"则作动词,表示陷害。记有,"及陷于罪,然后从而行之,是网民也。"这里说的"网民"就是指陷害人民。

　　说到这暴虐无道,残害百姓还有一个和"网"有关的典故。夏朝最后一个国王叫夏桀,他昏庸无道,暴虐成性,老百姓都很恨他。当时的商族首领汤利用人民的这种怨恨,积极筹备剿灭夏。有一天商汤到野外去游玩,看着一个人张着四面网在捕鸟,汤就说:"你布下这样的天罗地网,鸟会被你打尽的!"于是他下令撤去三面的网,留给鸟儿宽广的出路。很多诸侯得知这个消息,都觉得汤很仁慈,觉得他能给大家带来好处,就都纷纷投奔他。最后商汤灭了夏朝。后来人们就用"网开三面"比喻从宽处理罪犯或犯错误的人。古时候也用"解网"比喻仁德,多在恭维帝王的文章中见到。

　　其实在今天我们很少用"网开三面"这个成语,现在多说成"网开一面",意思是一样的,或许是因为现代人已经不奢谈宽容到开三面,开一面就可以了。其实无论是什么网,都有两点特性,一是"包容",二是"关联",不关联只是绳子结不成网,不包容没有内容更是徒劳无用。社会是网,国家是网,人心也是网。

　　说文解字,今天就到这儿,我们下期再见!

　　中国字，天下事，欢迎来到说文解字，我是庄婧。说文解字，今天我们来解一个"刑"字。

　　提到"刑"，语义指向很明确，我们常用到的就是"刑罚"。在古装的影视作品中，我们经常会听到公堂之上，头戴乌纱的官员大喝一声"大刑伺候"。这个时候各式各样的刑具被拿上来，让人看上一眼就不寒而栗。我们回溯中国几千年的历史，会发现各朝代的刑法种类繁多，刑具五花八门，残酷血腥的行刑方式更是令人发指。那么，大家可能会想，这"刑"字的古字体是不是就是某种刑具的样子呢？下面让我们来细细观察它的字形演化。

　　"刑"字最早见于金文，到小篆的时候已经与今天的楷书近似了。我们今天看见的"开"原本是一个"井"字，"井"在左边，右边是一把"刀"，刀和刑的关系不必多解释，可是左边的这个"井"究竟是做什么的呢？其实这个"井"才是"刑"——"罪罚"本义的起源。根据汉朝人编写的《春秋元命苞》所载推测，奴隶社会时期，奴隶主为了对奴隶进行残酷地剥削和压榨，实行了井田制。并在井田中央造一口井，以供奴隶们灌溉庄稼和饮水用，由于人多井少，经常出现抢水的风波。奴隶们会发生激烈的争执，进而互相殴打，甚至有人被推到井里淹死。这个时候，奴隶主就派人持刀守卫在井边，对打水不守秩序的人就用刀砍他们的头。这就是奴隶主对奴隶使用的刑，即刑法。传说这就是刑法的开始，也就是东汉许慎在《说文解字》中说的："刑，罚罪也。"即惩罚罪犯。而这也正是"刑"的本义。

　　"刑"字由惩罚罪犯引申为"刑法"、"法律"。比如在《论语·为政》中写道，"道之以政，齐之以刑，民免

甲骨文

金文

小篆

楷书

而无耻。"意思是，用政令来引导百姓，用刑法法律来整顿百姓，人民只能暂时免于罪责，而没有羞耻之心。这里的"刑"就是刑法的意思。从这句话中我们依旧能体会到孔子的仁政治国主张，不依赖于严刑峻法，更注重以德服人，教化民众。

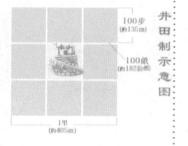

井田制示意图

其实无论地域与种族，人类古老的文明历经几千年的沿革至今，每一代人都在憧憬着一个理想国，一个没有酷刑的大同世界，一个德满天下的太平治世。换句话说，我们似乎可以用一个时代刑罚的严酷程度来衡量一个时代的文明程度。令人发指的凌迟昭示着世道的野蛮和人心的暴戾，惨不忍睹的斩首刻下了人类对待自己同胞的残忍。人生而无罪，人罪不至死，起码刑法中的斩杀不应是目的，刑法中的人道应该被重视。更多的宽恕和教化，更少的刑罚必将是文明国度的出口，必将是我们心灵的救赎。

说文解字，今天就到这儿，我们下期再见！

中国字，天下事，欢迎来到说文解字，我是庄婧。说文解字，今天我们来解一个"尘"字。

尘，是细琐微小的。《庄子·逍遥游》慨叹："尘埃也。"然而这"尘埃"小而不小，在佛语里，凡尘、红尘所指，可是整个人间，所谓尘世。那么今天我们就从汉字构成的角度来考量一下，这"尘"的大小，"尘"字的由来。

"尘"是个会意字，在大篆中是这样写的，共有三只鹿，在上面一只鹿的两侧是两个"土"字，像是一群鹿在奔跑，尘土飞扬。小篆略有变化，同样是三只鹿，不过减少了一个"土"，而且移到了三只鹿的脚下，表意不变。在东汉许慎的《说文解字》中说，"尘，鹿行扬土也。"繁体字承继小篆演化过来，不过由于比划实在是太过繁复，所以去掉了两只"鹿"，变成了一只"鹿"加一个"土字底"。而现在我们看到的简体的"尘"字，则是古代的俗体字，也就是民间的一种写法。"尘"是飘扬在空中的尘埃，当然就是很细小的泥土。"小土"谓之"尘"还是有它明确表意特征的。

"尘"的本义就是飘扬在空中的尘土、灰尘。白居易在《卖炭翁》里描述那可怜的老人是："满面尘灰烟火色，两鬓苍苍十指黑。"王维在《送元二使安西》中抒情道："渭城朝雨浥轻尘，客舍青青柳色新。"这里的"尘"用的便是它的本义尘土、灰尘。

"尘"字还可以引申为踪迹，因为行路的踪迹是和尘土有关的。《宋史·南唐李氏世家》中记有"思追巢许余尘"。意思就是打算追随巢父和许由的踪迹。成语"步人后尘"就是由"追余尘"演变而来的。佛教谓色、声、香、

大篆

小篆

塵

隶书

味、触、法为六尘，"尘"引申为人间、世俗、现实社会等。在佛教词语里，"尘"是个意象性很浓的词汇，释家习禅问佛常常借"尘"作为比喻和凭借。在《六祖坛经》里，就有这样一则关于"尘"的对话：高僧赵州在寺院里打扫院子，扫帚扫过灰尘四起，这时一个和尚走来看见赵州对他说，原来清净的佛堂也有尘埃啊。赵州说，是啊，尘埃从外面来。这个时侯，又有一位老僧从外面进来，看见佛堂里扬起了尘土，慨叹道，原来清净的佛堂也有尘埃啊。赵州又笑说，是啊，尘埃从外面来，又来了一个。这个时候，这一前一后两位僧人恍然大悟，顿时不再说话了。

清净的佛堂虽是清幽之地，了无烦恼，但自然也会有灰尘，不过被这种事情困惑就是迷失，就是真正的尘埃。"尘"的大小，在纠结于此的人看来"尘"大得很，是鸿沟，是深渊，是不可攀越让人颓丧的山峰，而在心中无"尘"的人看来，它细小如碎屑，一阵风就带走了，甚至从来都不曾存在过。这也正是释家所讲的"心静则一切静"。心中无"尘"，则"尘"就不是烦恼了。"尘"什么都是什么都不是，心中无"尘"，就什么烦恼都没有了。

说文解字，今天就到这儿，我们下期再见！

中国字，天下事，欢迎来到说文解字，我是庄婧。说文解字，今天我们来解一个"海"字。

"曾经沧海难为水，除却巫山不是云。""海纳百川，有容乃大。"无论是儿女情长还是心胸度量，"海"古往今来都是文人墨客笔下最爱用的象征和比喻。"海"一望无垠，所以可以用来形容"极大无比"。"海"深不可测，所以可以用来比喻感情浓重深厚。不过说回来，这"海"字最根本的意义还是"大洋靠近陆地的部分"，还是那"江河汇流的地方"，古人造字的时候怎样表达这样的含义呢？看了"海"的古字形，不得不叹服古人造字的巧妙。

"海"最早见于金文，左边是"水"的象形字，像河流中的水流，左右四个点像流水中的浪花，后来引申指"江河"。中国古代的江河多称为水，比如泾水、渭水、汉水等等。右边呢，是一个"每"字。"每"本指戴有头饰的妇女，也就是母亲。因此人们讲"海"最初的意思理解为"水的母亲"。小篆中的"海"保持了金文的结构。东汉许慎的《说文解字》里写道："海，天池也，以纳百川者。"所谓纳百川，是指有很多的河流汇集而成，也就是"水的母亲"了。在上古地理文献《尚书·禹贡》中有"江、汉朝宗于海"的说法。意思是长江、汉水一起流向大海。

我们常常看到"四海为家"、"四海之内皆兄弟"等"四海"是什么意思呢？这是因为古人觉得中国的四面都是海，被海环绕，所以用"四海"代指全国各处，也泛指世界各地。而我们常说的"放之四海而皆准"这句话最初来源于孔子的大弟子曾参，在儒家思想中"孝"是日常伦理中的重要观念，曾参称颂"孝"，说"推而放诸东海而准，推而放

金文

小篆

海

隶书

诸西海而准,推而放诸南海而准,推而放诸北海而准。"于是后人就用"放之四海而皆准"来比喻具有普遍性的真理,任何地方都适用。

在清代的官服上,常常绣有波涛汹涌的波浪的条纹,上面还绣有山石宝物,以此象征绵延不断的吉祥和四海升平、江山万代。

"海"是"水的母亲",它纳百川雍容大度。"海"是汹涌澎湃的波涛汇聚,它沧海横流可以吞没一切。在上世纪的八十年代末,中国的山海关与龙家营之间的火车慢行道上,一位名叫海子的诗人卧轨自杀。似乎这和我们要讲的汉字"海"没有必然的联系,然而诗人的死因确是其身后永远的谜,也许他正是被"横流的沧海"所吞没,被时代的大潮裹挟走了生命。这也是一种海,只是我们看不见,虽然身处其中。1989年3月26日,那位长发的诗人未等到面朝大海,未等到春暖花开。

说文解字,今天就到这儿,我们下期再见!

中国字，天下事，欢迎来到说文解字，我是庄婧。说文解字，今天我们来解一个"常"字。

"常"字太常见了，日常生活里"常"充斥在我们的口语当中。它可以表示经久不变，如"常量、常数、常年、常备不懈"。也可以表示普通的一般的，如"常规、常人、常识"。古时候有说"三纲五常"的，三纲我们讲到过就是君为臣纲、父为子纲、夫为妻纲。那五常呢，就是说仁、义、礼、智、信。这里的"常"就是指一种准则。不过说了这么多，却没有一个是"常"的本义。那么"常"的本义是什么呢？那是一条我们穿的裙子。

听起来有些蹊跷，这"常"怎么成了一条裙子了呢？在小篆、隶书以至今天的简体字中，"常"的形态变化都不大，上面是一个高尚的"尚"，下面是毛巾的"巾"。"常"是一个形声字，"尚"表音，"巾"表意。东汉许慎的《说文解字》记载："常，下裙也。"清代文字学家段玉裁的注解中说道，这"常"本身就是裙子的意思。在古代，上衣叫衣，下衣叫裳。而"常"和"裳"最初意思相同，都表示裙子，后来在这个义项上，"常"慢慢演化退出，只留下了"裳"。但是，早期的这种用法依然有迹可循，比如在《逸周书》里面就写道："叔旦泣涕于常，悲不能对。"这里的"常"字就是裙子的意思。

在今天，"常"最突出的义项就是"经常、时常"。道教经典《列子》中有："常生常化者，无时不生，无时不化。"其中，"常"是经常，"化"是变化。这一句话的意思就是万事万物在不停地生长变化。

《论语》中记载，卫国的公孙朝问孔子的大弟子子

篆书

隶书

常
楷书

——衣
——裳

贡,"孔子的学问是从哪里学来的,和谁学的。"子贡回答道,"夫子焉不学?而亦何常师之有?"意思是,我的老师何处不学?何必要有固定的老师专门传授呢?这里的"常"表现的就是"永久、一定"的意思。同样在韩非子的《五蠹》一文中,作者批判效法崇拜古人,他说,"不期修古,不法常可。"其中"常"也是"永久"的意思。全句的大意是不希望盲目地学习古代,不效法永恒之理。期,是希望。修,是学习。法,是效法。

"常"作为恒久也好、作为规律也罢,都在我们的日常生活中被不断应用着。其实讲"常"的语义,如果细细琢磨更能在语义的表层下体会到一种属于"常"的意蕴。"常"就是常态,最真实的一种状态,不刻意为之,不矫揉造作,最容易见到真性情。"常言说"、"常言道"是很多人为证明自己观点正确的时候,常说的话,之所以说"常言道"是因为那朴实无华、千古流传的民谚里,隐藏着无尽的智慧。今天很多人高喊要找回遗失的"常识",那是因为原本作为"常识"的一些基本的做人做事的道德伦理渐被遗忘,不得不呼唤恢复,以平复日益不安的人心和社会秩序。其实我们常常说"日常",我们就生活在"日常"中,"日常"是最不掺假的真实,那是一种节奏,我们熟悉,最接近于生活的真相,最接近于普通人的生命感知。不是举国欢庆,不是同仇敌忾,日常的中国才是真实的中国。

说文解字,今天就到这儿,我们下期再见!

工

中国字，天下事，欢迎来到说文解字，我是庄婧。说文解字，今天我们来解一个"工"字。

"工"的字形结构很简单，由甲骨文延续到今天变化不大。在现代汉语中的解释有"个人不占有生产资料，依靠工资收入为生的劳动者"比如工人、工薪阶层，还有解释为"制造生产资料和生活资料的生产事业"比如工业、工业革命。现代汉语中的解释很多，但大多和"工作"有着直接或间接的联系。或许有人要问这么简单的一个字符，是怎样承载这么多含义的呢？这就需要我们了解"工"最初的语义。其实，关于它的本义，争议还是蛮大的。

"工"的甲骨文字形见右图，到金文稍有变化。有的学者认为"工"字像斧头或铲状的工具，它的下部表现的就是斧头的锋刃，上部是供人握持的手柄。因此认为"工"的本义是古代的一种生产工具。也有学者认为"工"是古代工匠使用的一种工具——曲尺。杨树达在《积微居小学述林·释工》里写道："以字形考之，工象曲尺之形，盖即曲尺也。"

上述说法的相同之处在于都认为"工"是指古代的一种工具，由此引申为使用工具的人，也就是"工匠"、"工人"。但是还有学者持有不同的意见，他们认为"工"字的上下两横描写的是上下两块木板、玉石之类的东西，中间一竖是一条将上下物品贯穿起来的物件，由此推论说"工"的本义是贯穿。又因为在宝玉或金石上穿个孔是颇费心机的，必须具有高超的技巧和功夫，所以"工"就含有了精雕细刻的意思。东汉许慎的《说文解字》里记载，"工，巧饰也。象人有规矩也。"由此可见许慎认为"工"是一种技术性很强且十分细致的工作，干起来必须依照一定的章法行事。

甲骨文

金文

小篆

隶书

唐代韩愈在《进学解》中说："子云相如，同工异曲。"子云指西汉杨雄，相如——司马相如。其中的这个"工"字就是细致、巧妙的意思。这句话结合背景的原意是，扬雄和司马相如作品的文风和内容虽然是不一样的，但都有着非常高超的艺术技巧。成语异曲同工或者同工异曲，意思是曲调不同而同样精巧，比喻两句话的说法不一样，而用意却是一样的，或者一件事两种做法都同样的达到了目的。

"工"作为工人、工匠讲的时候，典型的例子有《论语·卫灵公》中说的，"工欲善其事，必先利其器。"意思就是说工匠要把他的事情做好，必须先使他的工具锋利。这里的"工"就泛指工人。

正像我们刚才讲到的，"工"在不同语境中有不同的解释。"工具"是冰冷的，斧子也好铲子也罢，强调的是它的性能；工业是支柱性的产业，今天我们的衣食住行都要借助于工业化生产的供给。无论是简单的操作还是庞大的系统，无论是投身其中还是享受它的成果，我们都安之若素、处之泰然。但是如果说到工人、工人阶级这样两个本也是中性的词汇，相信上了一些年纪的人不会无动于衷；毫无感慨，因为对于共和国的历史来说，这本是中性的词汇却包含着更复杂的感情。老大哥、先锋队、工农兵、下岗、再就业、从头再来，回顾历史，一个字眼有时也会串联起一条独特的叙事线索，它是那样巧妙，那样真实。

说文解字，今天就到这儿，我们下期再见！

中国字，天下事，欢迎来到说文解字，我是庄婧。说文解字，今天我们来解一个"牢"字。

"牢"字我们并不陌生，但是没有人愿意和这个字扯上关系，因为人们想到"牢"就是那冰冷的牢房，就是一个人悲惨的境遇，失去自由，遭遇"牢狱之灾"。然而您或许还不知道，这"牢"也并不仅仅代表那冰冷的铁窗，它还可以是象征身份地位的盛祭品的食器，而且最早这"牢"也没有那么恐怖，它并不指向人类，不过是人们畜养牲口的"牛圈"、"马圈"罢了。

在甲骨文中，最早的"牢"字见右图。外围的部分是牲畜圈周围护栏的象形，中间的牛是牲畜的代表，表示的是牛或其它牲畜被关在圈里的情形。所以"牢"的本义就是养牲畜的栏圈。东汉许慎的《说文解字》里写道，"牢，闲也。养牛马圈也。"许慎说的"闲"就是指遮挡物，这里指牛马圈栏。《战国策·楚策》中就写"亡羊补牢，未为迟也。"这一句中的"牢"就是指"羊圈"。"牢"字在小篆中的写法更形象地表现出把牛关在牛圈里的样子，我们可以看到在圈门处还横上了一根大木头，以确保牲畜不会跑出来。因而后来"牢"就引申出"牢固"、"牢靠"的意思了。比如在《韩非子》一书中就有"期年而器牢"为证，意思就是一年后所制的陶器十分牢固。

刚才说过，这"牢"并非只是关牲畜或者是今天说的牢狱，它在古代还特指盛祭品的食器，包括"太牢"和"少牢"。大的叫太牢，太牢盛三种牲畜：牛、羊、猪。因此也把宴会或者祭祀时用的牛、羊、猪称为"太牢"。《史记》中说，"鲁世世相传，以岁时奉祀孔子冢。……高皇帝过

甲骨文

金文

小篆

楷书

鲁，以太牢祠焉。"意思是：鲁国这地方世代相传，每年向孔子的坟墓致祭。……汉高祖刘邦经过鲁国，以牛羊猪三牲来祭拜孔子，以最隆重的祭礼来表示对孔子的尊敬。在中国古代，不同身份地位的人祭祀的规格是截然不同的。《礼记》中曾有"天子社稷皆太牢，诸侯社稷皆少牢"的记载。意思就是帝王祭祀土神和谷神要用牛羊猪齐全的太牢，而诸侯祭祀则只用没有牛只有羊和猪的少牢。

以今天的视角来看，这种尊卑等级明确界定的礼仪似乎是腐朽的，在没有经历过传统教育多年的中国新一代人的心中，对于古时候的礼仪尤其是祭祀时体现的各种繁文缛节往往感到不屑或斥之为封建。但是如果遵循事物的存在规律，我们会发现这"太牢"、"少牢"之分，以及诸多所谓"规矩"，其实具有深刻的中国传统哲学逻辑，它维系着一个国家的道统，或者简单说那是古代中国"以德治国"、"宗法治国"的一套逻辑的外在表现。反向来观察，一旦这些礼教规范被打破，被彻底清除，中国的传统君臣逻辑或者说社会秩序，也会随着外在形式的瓦解而不再牢不可破。

说文解字，今天就到这儿，我们下期再见！

中国字，天下事，欢迎来到说文解字，我是庄婧。说文解字，今天我们来解一个"鹤"字。

鹤，是一种深受人们喜爱的珍稀禽类，因为它举止高雅，所以常被拟人化。中国很多古代书画里都有鹤的影子。唐代著名诗人崔颢更是以闻名天下的黄鹤楼为诗写道："昔人已乘黄鹤去，此地空余黄鹤楼。黄鹤一去不复返，白云千载空悠悠。"黄鹤楼大家都知道，但是这里的"昔人已乘黄鹤去"的"昔人"指谁？为何又说黄鹤一去不复返呢？可能就不是所有人都知晓的了。本文我们讲这个"鹤"字，同时揭晓这些和"鹤"有关的典故。

东汉许慎《说文解字》记载，"鹤，从鸟，隺（鹤）声。"许慎认为这个"隺"只表声，其实不是这样的。隺有"高至"的意思，就是飞到非常高的地方，因此鸟和隺合在一起来描述鹤这种珍稀禽类，字面意思讲就是这是一类能飞得非常高的鸟。《本草纲目》中有具体的定义："鹤，长三尺，高三尺余。喙长四寸，丹顶赤目，赤颊青脚，修颈凋尾。"应该说描述得非常细致。我们上面说的崔颢的诗其实就和黄鹤楼命名的典故有关，传说在现在湖北武昌一带，有一位姓辛的店家在此卖酒。有一位道士常来此饮酒，店家从来不收他的钱。一天这道士要告辞远游了，随手拿橘子皮在酒店墙上画了一只黄鹤，然后对店家说，凡是有客人到来你不妨拍手，这墙上的黄鹤就能飞下来起舞，为酒客助兴。后来店家照此来办，果然不假，因此酒店越来越兴隆，姓辛的店家赚了很多钱。十年之后，道士回来，骑着这黄鹤杳然离开，店家为了感谢道士，就在此地修了一座楼，这就是现在闻名天下的黄鹤楼。所以崔颢才有诗句："黄鹤一去不复

小篆

隶书

返，白云千载空悠悠。"

自古以来，"鹤"一直是中国人心目中珍爱的禽类。人们视它为长生不老的仙禽，骑着它可上天与神仙相会。在中国民俗中，"鹤"始终与长寿永生、羽化升仙、平安祥和等寓意相伴随。《淮南子·说林》："鹤寿千年，以极其游。"王建《闲话》诗："桃花百叶不成春，鹤寿千年也未神。"都是传神的写照。传统吉祥图案，常以鹤、松组成"鹤寿松龄"纹样，用于祝寿装饰。成语中的"鹤发童颜"则用来比喻老年人的健康长寿，返老还童。

因为鹤是祥瑞之物，所以中国古代工艺品常有鹤的形象和造型。比如河南新郑出土的战国立鹤方壶上，就有鹤振翅欲飞的景象。郭沫若先生称描述此鹤："突破上古时代之鸿蒙，正踌躇满面志，睥睨一切，践踏传统于其脚下，而欲作更高更远之飞翔。"鹤也是古代画家笔下经常表现的题材，如明代宫廷花鸟画家边文进就是画鹤的高手。他的《竹鹤图》所绘的鹤生动逼真，毛羽的处理细致入微，清新自然。

人们之所以如此喜欢"鹤"，其实根本原因还是在于它身上寄托的一种品格，有凌云之志，有脱于世俗的向往。在《世说新语》中就有一个小故事讲到一个人喜爱鹤，想把自己养的鹤永久地留在身边，就剪去了它的羽毛。结果这只鹤就此失去了活力、郁郁寡欢，直到主人认识到它是属于天空的鸟，有展翅高飞的向往才又重新照料它长出羽翼，最终飞向天空。

从古至今，无论是周敦颐爱莲，还是陶渊明赏菊或者是我们对仙鹤的喜爱，其实都是一种对品格的认可，都寄托了人们对一种高尚精神的追求，而这种传统的延续无疑就是一种精神气度品评标准的传承，小小的一只鸟能看出一种文化向往的高洁。

说文解字，今天就到这儿，我们下期再见！

虎

中国字，天下事，欢迎来到说文解字，我是庄婧。说文解字，今天我们来解一个"虎"字。

"虎踞龙盘、虎口拔牙、虎视眈眈"，"虎"字义表述明确，透着一股杀气，让人不寒而栗。说到老虎，很多人首先会想起《水浒传》里的武松打虎，但换句话，说武松之所以声名显赫，也正是因为他打死的不是别的，而是凶猛异常的兽中之王。其实老虎的凶恶与威猛不仅体现在现实生活中，也表现在汉字的字形结构上，"虎"堪称是汉字里最凶猛的一个字。

"虎"是个典型的象形字，在甲骨文里，它接近原始的绘画，就像一只老虎侧面的形状。老虎的圆头、大口、利齿、巨掌以及美丽的花纹被描绘得十分细致，活现了一副凶猛的形象。金文的"虎"字和甲骨文的"虎"字基本相同，小篆发生了明显的变化，成了一个会意字。"虎"还是一个拟声词，"虎"字的读音就是根据老虎那令人发抖的吼声拟定的。《说文解字》里讲，"虎，山兽之君。"再一次强调了虎的凶猛和不可一世。

由于虎的性情体魄，人们往往用虎来表示威猛的意思。比如"虎贲(bēn)"就代指勇士，"虎虎"就代表威武勇猛。"虎将"就指勇猛善战的将军，"虎步"指威武雄壮的步伐。此外，古代还有一种调兵遣将的信物叫虎符。它盛行于战国时期，用铜铸成虎形，背有铭文，分为两半，右半存朝廷，左一半则授予率兵的将帅。调动军队时，必须持符验证。

另外由于老虎凶恶异常，所以它也往往被用作类比的对象，表明另一件事也是非常恐怖、凶狠的。比如在《礼

甲骨文

金文

小篆

隶书

记》中记载的"苛政猛于虎"的故事,说孔子路过泰山的一侧的时候,发现有一个在坟墓前哭的妇人看上去十分忧伤。孔子说:"你哭得那么伤心,好像有很悲惨的事。"那个妇人说:"我的公公被老虎吃了,我的丈夫也被老虎吃了,现在我的儿子也被老虎吃了。"孔子问:"那为什么不离开这里呢?"妇人回答说:"在这没有苛刻的暴政。"听到此,孔子对学生们说:"你们记住,苛刻的暴政比老虎还要凶猛可怕。"

也正是因为老虎的凶猛可怕,所以在很多地方老虎也被授予镇邪的作用,并将它视为象征吉祥之物。因此人们常将它做成小孩穿戴的"虎头帽"、"虎头鞋"等等。

同样是老虎,有时人们视其凶恶无比,有时借以表示吉祥之物,一方面强调它的破坏性,同时另一方面又强调它的护卫性。由此我们看到一种很有意思的典型的辩证关系。其实我们大胆的假设,老虎又何尝不是如此呢?当他遇到武松的时候,武松就是凶恶无比的,站在老虎的一边,人则更为凶险。其实共同的善意,共存的需要,彼此的退让,人与虎之间需要,人与人之间同样需要。凶恶与威猛是一种选择。

说文解字,今天就到这儿,我们下期再见!

中国字，天下事，欢迎来到说文解字，我是庄婧。说文解字，今天我们来解一个"龙"字。

身为炎黄子孙，"龙"似乎不用多加解释。一提到它，大家自然地在脑海里描画出了那样一幅神异之兽翻云覆雨的图像。龙上天入海似乎无所不能，龙集合了众多动物的特征，成为一种图腾崇拜的符号，炎黄子孙往往自称是龙的传人。那么今天我们就从汉字演化的角度，探究一下这神兽"龙"的历史。

"龙"字是个象形字，甲骨文的字形较为形象，就像一条龙一样，上为头，下为尾，左为腹，右为背。到小篆，龙头和龙身逐渐分开，在此基础上演变成楷书繁体的"龍"，直至简化为今天在大陆通用的简体字"龙"。"龙"这一形象糅合了众多动物特征，东汉许慎《说文解字》里讲，"龙，鳞虫之长。能幽能明，能细能巨，能短能长。春分而登天，秋分而潜渊。"

许慎的这一番描述更使得"龙"这一神兽充满了神秘感，很多人开始探究它的起源，为什么人要创造这样一个莫须有的动物呢？

一种说法是古人对大多自然现象无法做出合理解释，于是便想象有这么一种动物能够主宰、操控、管理这些动物和天象，像一个氏族必须有一个头领一样。他们把许多动物的特点都集中在一起，渐渐构成了龙的样子：驼头、鹿角、牛耳、龟眼、虾须、蛇身、鱼鳞、鹰爪等等。这种复合的结构，就意味着龙是万兽之首，百鳞之王。

正是因为"龙"是众鳞虫之长，所以后来它成为皇权的象征，历代帝王都自命为龙，自称"真龙天子"，使用器

甲骨文

金文

小篆

隶书

物也以龙为装饰。前人更是细致的将龙分为四种：有鳞者称蛟龙；有翼者称为应龙；有角的叫螭龙，无角的叫虬龙。此外龙和凤凰、麒麟、龟还一起并称"四瑞兽"，也就是四种祥瑞的动物，龙在这里依然是居于首位的。

也正是由于龙作为一种中华民族祖先供奉的图腾标志，拥有着崇高的地位，所以很多人喜欢画龙，很多人也喜欢追捧龙，龙成了一种崇高的象征。

在刘向的《新序·杂事》中记载了这样一个故事：春秋时楚国的叶公子高是非常喜欢龙的，他的器物上刻着龙，房屋上也画着龙，几乎把接触的所有器物都和龙来拉近关系。由于他表现出来的诚恳，有一天真龙知道了，就特意来到叶公家里，把头探进了窗子。不料叶公一见，吓得拔腿就跑，完全忘记了平时的追捧。这就是后来我们常用的成语"叶公好龙"的来源。

人情往往如此，当众人都艳羡或追捧一件器物或者一种理念的时候，很多人都会趋之若鹜，都会高谈阔论。在今天光怪陆离的社会生态里，纷繁复杂的政治语境里，将追寻普世价值挂在嘴边，将提高人民福祉与权利作为口头禅，这样的人我们已屡见不鲜了。就如同叶公好龙一般，当真理真正靠近，当民生疾苦真的呈现于眼前，当制度的改革真的恰处在关键时刻，这样的人，那些高谈阔论的大多数往往裹足不前，或者源于恐惧，或者源于思想上紧绷绷的束缚，或者源于最基本的趋利避害，叶公们平日的口头信仰和决心往往在那一刻多会全面的溃败。

"步子大一点，脑子活一点。"这样的话多是说起来容易做起来难，真正的推行开来，势必要有见真龙的勇气与胆识，否则时过境迁回眸历史，我们会看到多少面对"真龙"落荒而逃的当世叶公啊。

说文解字，今天就到这儿，我们下期再见！

中国字,天下事,欢迎来到说文解字,我是庄婧。说文解字,今天我们来解一个"鹿"字。

鹿是一种温顺的动物,表达的意思简单明了,古今没有差别。但是它的象征意义却是丰富多彩的。我们常听到"群雄逐鹿"、"逐鹿中原"这样的说法,显然这里的"鹿"指的已经不是那种动物了,而是它的象征意义"政权"、"天下"、"皇帝的宝座",但是人们为什么在百兽之中选择了"鹿"来做这一比喻呢?这里面有没有什么特殊的原因,它的渊源何在?我们从字形入手,先解字再剖析它的历史。

要说字形,其实"鹿"是非常形象的象形字,图像非常可爱,栩栩如生,从鹿角到鹿蹄,甲骨文的"鹿"字俨然就是一幅动物的简笔画。由于就是描画动物"鹿"的形象,所以在《甲骨文编》中列出的"鹿"字就达五十多种,但是总体来说大同小异,差别不大,到金文依然是写法多样,直到小篆才渐渐统一,比较规范了。东汉许慎《说文解字》记载:"鹿,兽也。象头脚四足之形,鸟、鹿足像似,从匕。"后两句的意思是,鸟和鹿的足部写法一样,都写成"匕首"的"匕"。

等到到了隶书,"鹿"字象形的色彩大大减弱,距离动物的形象已经很远了。

刚才我们说到"逐鹿",其实它最初指的就是打猎时对鹿的捕杀。从现在的卜辞研究中我们知道,商王武丁爱好打猎,而鹿往往是他狩猎的主要对象。古人狩猎"逐鹿"无非是因为鹿浑身是宝,鹿血、鹿茸、鹿骨都是极名贵的药材,再有就是鹿温顺易于抓捕。那么为什么以"逐鹿"指代

甲骨文

金文

小篆

隶书

"天下之争"呢？这是因为商代之后，鹿由于捕杀过度，在中原地区渐渐稀少。据史书记载，汉武帝时期因为有人杀了上林禁苑的鹿，武帝竟命令将这个人"收杀之"，幸亏东方朔在一旁婉言劝谏才予以赦免，可见当时鹿的珍贵。也正是由于鹿越来越名贵，所以渐渐成为名贵、珍惜、大家争相抢夺的物品的代称 。"逐鹿"一词的含义也逐渐"由实变虚"，相传最早是姜太公对周文王说："取天下若逐野鹿，得其鹿，天下共食肉。"如果这种说法可信，那么说明在商朝末期就已经把鹿比作"天下"了。至于明确记载，最早出现在《史记·淮阴侯列传》中，"秦失其鹿，天下共逐之，于是高材疾足者先得焉。"这是蒯(kuǎi)通说的话。此后呢，"鹿死谁手"这一类的说法就常常出现于史书记载了。

古往今来，对权力的争夺从未停息，"逐鹿"作为一个比喻，巧妙地避免了对于政权更迭血腥屠杀的正面描述，无论是商周之交还是东汉末年，群雄并起的时候，都是"大乱之时"，作为诸侯将相，很多视"天下大乱"为大有作为的时机，合纵连横逐鹿中原。然而对于百姓，没人希望大乱，在百姓心中永远期盼的是"大乱到大治"。无论何时何地，任何人以"治"为名制造"大乱"都是不明智的。虽然历史的周期律总是让祥和与动荡交错，但人们希望社会平稳渐进，生活改善并逐渐富足，如果在历史的当口群雄逐鹿在所难免，那么逐鹿的胜利者该多多考虑的是逐鹿之后又当如何？秉笔直书的史官对于历史人物功过得失的记述和评判也更多的应该基于"逐鹿"之后的作为。

说文解字，今天就到这儿，我们下期再见！

中国字，天下事，欢迎来到说文解字，我是庄婧。说文解字，今天我们来解一个"燕"字。

"燕"是人们最熟悉的鸟类之一。它外表虽不出众，但是却赢得了人类的喜爱，那彬彬有礼的燕尾服就是一个例子。居住在中国北方的人常常称燕子是春天的使者，因为燕子是候鸟，所以是"冬去春来"。在中国古人的笔下留下了很多对于春天使者的描述，唐代白居易写道："几处早莺争暖树，谁家新燕啄春泥。"杜甫写道："迟日江山丽，春风花草香。泥融飞燕子，沙暖睡鸳鸯。"燕是个典型的象形字，让我们来看看古时候人们对于"燕"形象的描画。

"燕"字甲骨文见右图。《说文解字》说，"燕，玄鸟也。"所谓玄鸟，就是黑色的鸟，指燕子。小篆和楷书的"燕"是由甲骨文的燕讹变而来，但是仍为象形字。最上面的部分像头和嘴，"口"像身躯，"北"像双翅，四点像尾巴。

甲骨文

金文

传说燕是殷商人的祖先，对此《诗经》、《史记》与《竹年记书》等均有记载。殷人以燕为本族的图腾，并奉之为祖先神。尤其是紫燕更为吉祥，紫燕又叫越燕。南宋罗愿《尔雅翼·释鸟》中说，"越燕小……颔下紫，巢于门楣上，谓之紫燕，亦谓之汉燕。"从前的春联有"春风堂上紫燕舞，细雨庭前红梅开。"婚联有："紫燕双飞珠帘卷，流莺对唱翠幕悬。"

小篆

此外还有"白燕"，白燕被古人视为神物。《太平御览》引《京房易占》曰："见白燕，其君且得贵女。"因此燕又被尊称为"天女"。由于燕有着这样吉祥的寓意又是春天的象征，所以明清时候，每年二月进士科举考试，正值杏

隶书

花开放时节，及第者黄帝赐宴。古人就以杏花和飞燕构图，称为杏林春燕图，以此图送人来祝贺科举高升。

"燕"是春天的使者是吉祥的象征，同时因为它和鸳鸯一样喜欢双宿双飞，所以常以"燕侣"比喻夫妻和睦恩爱。而"燕好"就是指男女相亲相爱，感情甜蜜。然而，"燕"在古人的记述中并非都是好的寓意，由于燕子身体小，飞的又不算高，所以常被人讥讽为"目光短浅的"人。《史记·陈涉世家》记有"燕雀安知鸿鹄之志"。南朝梁文学家丘迟《与陈伯之书》中也有"弃燕雀之小志"等这样的句子。

其实人立大志，有大鹏展翅的志向固然好。但是并非每个人都有能力和机会去享有扶摇直上的快乐，小小的燕子卑微而不出众，但是昭示一份春意是它的职责，它做到了，筑起供子女成长栖息的巢穴，它做到了，虽然没有创造光耀门楣的功绩，但是平凡的尽到自己的责任，建立一个温暖的家庭，信守双宿双飞的誓言，体味百姓生活中平凡的幸福，谁又有资格嘲笑它呢？"生生世世，燕侣百年"岂不也是一幅美好的图景，岂不也是我们人生的快慰吗？

说文解字，今天就到这儿，我们下期再见！

中国字，天下事，欢迎来到说文解字，我是庄婧。说义解字，今天我们来解一个"寸"字。

"寸"是中国市制计量单位，是非常小的长度单位，所以很多词汇中都包含这个"寸"字，比如"鼠目寸光、寸步不离、聊表寸心、寸土必争"。这"寸"在词组中都表示极小极短。所谓"三寸不烂之舌"就是形容以极短极小的舌头展开论辩而起了大作用，说明一个人有了得的口才。现代汉语中，我们依然频繁的用"寸"来形容短小，然而对于大多数人来说，往往并不了解，我们时常书写的这样一个"寸"字是怎样表现那"极短"含义的。"寸"字来源何处？在古字形中蕴藏着答案。

"寸"是一个指事字，在小篆里，写成一只手的样子，相当于手腕的部分有一个小横，这是一个指事符号。这一小横，正在手腕上，其实指出的是中医学上诊脉的地方，称为"寸口"。东汉许慎的《说文解字》里记载："寸，十分也。人手脚一寸动脉谓之寸口。从又，从一。"林义光在《文原》中说，"又，象手形，一说手后一寸之处。"作为长度单位"寸"就来源于此，当然还有另外一种说法，认为"寸"的长度为自身中指中关节的长度。但是更多被人接受的还是"寸口"一说。

由于医生看病把脉，必须把握在手腕一寸的这个地方作为标准，所以"寸"引申为法度、法则的意思。"寸"在长度单位中是较小的长度单位，因此就引申出了极短、极小的意思。如《淮南·原道》："故圣人不贵尺之璧而重寸之阴，时难得而易失也。"意思就是圣人不看重大块的璧玉，而十分重视一分一秒的时间，这是因为时间对于人生来说太

小篆

楷书

难得，却每一刻都在流失。我们经常说的"一寸光阴一寸金"出自唐代诗人王贞白。王贞白早年曾在江西庐山五老峰下白鹿洞中读书，为勉励自己用心学习，写了一首七绝诗《白鹿洞》。其中头两句就是："读书不觉已春深，一寸光阴一寸金。"

现在如果我们形容一个人心情躁动不安，自己又无法控制，还会说到一个词叫做"方寸已乱"。所谓方寸就是指长宽各一寸的平方寸，古人用它来表示心。古时候，人们认为人是用心来思考的，所以"方寸已乱"实际上就是说思维极度混乱。这一说法来源于《三国志》。刘备的谋士徐庶是一名大孝子，徐庶的母亲被曹操抓获，他悲痛欲绝地对刘备说：我本想和将军一起建功立业，可是现在我"方寸乱矣"。后来"方寸已乱"作为成语被保留下来，一直沿用到今天。

今天我们讲的这样一个"寸"字，其实有它特别的地方。一方面它是人们很熟悉的一个汉字，在现代汉语中应用广泛，一方面它又是人们很陌生的一个汉字，因为对于它的实际长度的衡量、它的起源"寸口"人们知之甚少。中医里诊脉的寸、关、尺论说，即使是黄皮肤的中国人在今天也多半不知一二。其实在这里我们并无意于弘扬中医，或者说卷入中、西医持续多年的争论，但是作为一种对文化延承的警醒，当一些细微的观念在我们的意识中如光阴般逝去，一寸寸流失的时候，是否会在未来的某一天，我们的后人手持古书已经缺乏一种基本的阅读常识，而导致一种既成事实难以修正的文化断层呢？如果真到那时，恐怕对于中国古老文化的认知可真是"方寸已乱，难以收拾"了。

说文解字，今天就到这儿，我们下期再见！

中国字,天下事,欢迎来到说文解字,我是庄婧。说文解字,今天我们来解一个"北"字。

"北"在现代汉语中我们一般用来指方位,和"南"相对,比如北方在中国指黄河流域及黄河流域以北的地区,北极指北半球的顶点。这个方位的义项并不难理解,但是在现代汉语应用中,很多人都有这样一个疑问,为什么战争的失利或者说失败我们要称之为"败北"呢?难道落荒而逃就一定是向"北"的方向跑吗?为什么不是"败南"、"败东"、"败西"?其实了解了"北"字的构字原理这个疑问就迎刃而解了。

"北"字最初的意义并不是当方向讲的。在甲骨文里,我们可以看见"北"是两个人背向而坐,就像两人背对背靠着。由于靠的角度不同,在甲骨文、金文里"北"有很多种写法,各自略有差异,到了小篆逐渐规范。至隶书则发生重大变化,右边的人讹变成匕首的"匕",左边的人形也不明显了。但是由最初甲骨文的字形,我们可以体会到"北"的原意是"相背",延伸出"背离"的意思。东汉许慎《说文解字》里讲:"北,乖也,从二人相背。""乖也"通俗的解释就是"不协调有矛盾"。所以"相背"、"背离"是"北"的本义。由于古代部落在战场上打败了仗,战败一方都是背转过身来逃跑的,所以这"北"字就有了"失败"的意思。"败北"也就由此产生了。《荀子·议兵》中说"遇敌处战则必北"。《史记·项羽本纪》里记载项羽兵败乌江,回忆起兵八年的经历时说,"身七十馀战,所当者破,所击者服,未尝败北。"这两个"北"都是明确的"战败"的意思。

甲骨文

金文

小篆

隶书

至于我们今天常用的表示"方向"的"北",则是基于人的居住习惯演化来的。人住房子都愿意在阳面,所谓正面朝阳,背面朝阴。古人在造字的时候,就将人们经常背对的朝向称为"北",这样"北"字就和方位上的"北"就相印证了。

作为方位"北"和"南"往往相互对应组词,比如"南辕北辙、南鹞北鹰"。南辕北辙大家很熟悉。南鹞北鹰呢,也是一个成语。源自西晋一个叫崔洪的人,他为人刚直,别人有过错他都直言不讳,所以很多士大夫都怕他,称其为"在南为鹞,在北为鹰",鹞和鹰都是猛禽,南鹞北鹰就是形容一个人耿直严厉、铁面无私。

和坐北朝南的君王相对,臣子在拜见君王的时候都是朝北的,因此"北面"也有称臣的意思。

正是由于"北"字"背离"的义项今天用得不多了,所以人们对于"败北"才会产生疑问。通过字形的解析我们也可以看出这样一个道理,人心向背是成败的关键,靠拢和融合是积聚力量的手段。无论是部落战争,还是政权对峙,如果双方本是一体,那么往往合则两利,分则败北。在大局当中当双方彼此背离,缺乏交流的时候,影响力都会下降,不仅谈不上合力,甚至可能是让第三方坐收渔翁之利,可见背靠背不如面对面,合则两利。

说文解字,今天就到这儿,我们下期再见!

夏

中国字，天下事，欢迎来到说文解字，我是庄婧。说文解字，今天我们来解一个"夏"字。

"夏"在现代汉语中应用最多的词汇莫过于一年四季中的夏季、夏天。夏天烈日当头，酷暑时往往闷热难当，但是仍然有很多人热衷于这个季节，因为在这个时节里树木枝叶茂密、草色青葱、昼长夜短，黄昏里晚风习习，温馨浪漫。所以很多散文里都有关于夏的描写，夏天的夜晚更是天然一幅星空璀璨的祥和画面。然而，或许您不曾想到，在古代人们开始有节气观念的时候是只有春秋，没有夏冬的。说来也很简单，因为古时候人们对季节的认识多和农耕有关，春种秋收，和夏挨不上关系。这样一解释，很多人会想，要是这样的话那"夏"的本义是什么呢？

其实，"夏"的本义可了不起，那是指一个伟大的人。

甲骨文中的"夏"是一个发、首、躯、手、足五官完全无缺的侧视的人形，这个形体比起甲骨文中其他表示人的各种形态的字来说，所描绘的人都更为具体细致，可以说是仪表堂堂。因此很多学者认定，甲骨文中的"夏"字表现的正是威武雄壮的夏族人，而夏是商代以前由禹建立的朝代。

再看金文、小篆，应该说基本沿袭了甲骨文的写法。东汉许慎的《说文解字》中里说："夏，中国之人也。"所谓"中国之人"就是古代黄河流域中原地区的人。朱骏声在《说文通训定声》中写道："夏，像人当暑燕居，手足表露之形。"意思就是论定"夏"所表示的就是一个光着脚露着背的人的形象。也可以在此基础上，理解出夏天一词的由来，就是拿人们夏天的形象"光脚露背"来表现夏天的。这也就是表示人的"夏"引申指春夏秋冬中夏季的原因。

甲骨文

金文

小篆

楷书

由于"夏"指人并且是一个堂堂正正的人,所以"夏"又引申出"大"的意思。《尔雅·释诂》记有,"夏,大也。"西汉扬雄的《方言》说:"自关而西,秦晋之间,凡物之壮大者而爱伟之,谓之夏。""夏"有"人"的意思大概形成于春秋战国之交。因为战国以后,大一统观念开始深入人心,"夏"与"大"的意义便越来越接近。

今天中国人自称"华夏儿女"。对于"华夏",古人就有着具体的解释。在《尚书·武成》篇"华夏蛮貊"句,西汉前期的孔传解释:"冕服采章曰华,大国曰夏。"唐代孔颖达解释为:"中国有礼仪之大故称夏,有章服之美,谓之华。"可见华夏一词自古以来就是汉民族的庄严自称,后来更成为中华民族的光荣合称。

所谓礼仪之大正是精神上的修为和造就,所谓服装之美其实可以看做是物质上的富裕丰足进而形成的审美趣味。古代中国人以华夏自称,有着强烈的民族自豪感。近代中国这种自豪感曾一度风雨飘摇、落到谷底,以致在当代寻求国势崛起、梦寐复兴。中华民族从来不是一个自甘堕落、苟且偷生的民族,它希望自己是"伟大"的,是"华彩纷呈"的,是礼仪之邦的表率,是富裕大国的样本。但在今天,这些是目标而不是现实。面对现实的复兴之路,今天的华夏人自视如何呢?是的,有人喜欢看到国家外交姿态的强硬以示国格独立,有人愿意看到经济的飞升以示自尊,但是不容忽视的是,在这些以国为单位的评价话语之外,或许正如这个"夏"字一样,我们更应该看到那清晰的一个个个体——中国人,"夏"是一个发、躯、手、足齐全,清晰细致的人形,那么中国人在世人头脑的画板上,是否是一个人格独立、拥有自由意志的,精神脉络清晰的完整的人形呢?如果不是,那以国为单位的话语就显得华而不实了。

"夏"古语解释为"大",在这"大"之中,应该有一张张国人清晰的面孔。

说文解字,今天就到这儿,我们下期再见!

中国字，天下事，欢迎来到说文解字，我是庄婧。说文解字，今天我们来解一个"李"字。

说到"李"，其实我们常用的义项有两个，一个是姓氏，李是大姓，算起来古往今来的李姓名人还真是不少，从老子李耳到唐太宗李世民再到诗人李白数不胜数。另一个义项呢，大家可能就会想到酸甜的李树的果实——李子。确实姓氏和李树我们都很熟悉，可是您想没想过这两者之间有什么必然的联系吗？为什么它们是同一个字呢？其实，他们还真是有着非常直接的因果关系。从字形说起，为您一一道来。

从甲骨文到小篆再到隶书，"李"的字形构造基本是固定的，它是个会意字，由"木"和"子"构成，本义就是指李树，延伸指李树的果实李子。别看就是一棵树，可它在中国的传统文化中的内涵却是丰富的，由于李树果子成熟的时候，一眼望去是一树成熟的红果，很是喜庆，所以人们用它来比喻子孙满堂，有着生机勃勃、兴旺发达的象征意味。又因为它的味道酸，女子怀孕后都特别喜欢吃李子，所以"李子"又被称为"嘉应子"，表示一种祥瑞的果实，被视为是女子生育的喜庆预兆。

日常生活中，我们形容一位老师弟子众多遍布四面八方，常常说到"桃李满天下"。这一词语其实出自《资治通鉴》，书中记载，在武则天当政期间，大臣狄仁杰向武则天推荐张柬之、姚崇等数十位人才，后来他们都成为了一代名臣。有人评价狄仁杰，"天下桃李悉在公门矣"。意思就是说天下的人才都是你狄仁杰门下培养出来的。后来，"桃李满天下"就用来形容某位老师教育培养的学生

多，遍布各地。

上面我们说到姓氏李和李树的渊源，其实两者最初是没有联系的，因为姓氏"李"最初是写作"理性"的"理"，但是后来却走到了一起。有史书记载，在商朝末年商纣王昏庸无道，贪恋女色，有一个臣子叫理征，出于好心直言劝谏，不想惹怒了纣王，被杀害了。他的妻子契和氏知道这个消息后，带着幼小的孩子连夜逃出家门避难。当逃到河南西部的伊侯之墟，母子俩饥饿难忍，已经奄奄一息，最终契和氏发现了一棵附近的李树。依靠吃树上的李子，母子二人活了下来，后来为了感谢李树的救命之恩，就将姓氏"理"换成了李树的"李"，于是就有木子的姓氏李。

一位女子为报答一棵树而改变了姓氏，听来有些蹊跷，不过倒正是"投桃报李"的体现。其实在日常生活中，熟人社会的投桃报李非常普遍，那是一种基本的处世哲学，人与人之间讲究的是礼尚往来，互有馈赠，保持联络。然而在对方毫无索取能力的前提下，自主地去"投桃报李"倒不是每个人都做得到的，也不是每个阶层群体都有意识去做的。桃树种了几十年，种桃树的农民投了几十年的桃，他们的餐盘里什么时候能得到回馈补偿的李呢？投桃报李，大则大之，小则小之。

说文解字，今天就到这儿，我们下期再见！

　　中国字，天下事，欢迎来到说文解字，我是庄婧。说文解字，今天我们来解一个"朱"字。

　　"朱"是我国南方的一个大姓，"朱"又是我们常常说的红色。"朱"字在现代汉语里，义项并不多，表意也相对明确。但是对于"朱"字的起源却是说法繁多，可谓争论不休。我们从字形解读开始，走进这"朱门大院"一探究竟。

　　"朱"在造字方法上属于指事字。在六书中，指事是一种用抽象语言符号来表达语言中某种概念的造字方法。它分为两种，一种指事字是由单纯的指示符号构成的，比如一、二、三、上、下等，另一种就是在象形字的基础上通过添加指示符号来构成的。

甲骨文

金文

　　"朱"字的构成就属于后一种。"朱"字的甲骨文见右图，金文和小篆没有太大的变化，形体基本相同。看上去像一棵树。上面是树的枝叶，下面是树的根，中间一点或者一短横是指示符号。由此可见，"朱"是在象形字"木"字的基础上构成的。正是由于对中间这一点或一短横理解的不同，所以导致了对"朱"几种不同的解释。东汉许慎的《说文解字》里讲："朱，赤心木。"就是说"朱"原本指的是红心的树木。第二种说法是"朱"是木字旁"株"的本字，"株"就是露出地面的树根。郭沫若在《金文丛考》对此有明确的论证。第三种说法是"朱"就是指树干，因为指事符号在"木"字的中间，就是树的中段，那就是树干。还有学者认为"朱"的本意是朱色，将树干用一横斩开，中间的树心是红色的。

小篆

楷书

　　虽然人们对"朱"字的起源争议很大，但是"朱"演化到今天,字义指向却是非常明确的了。所谓"朱红"就是指大红色,又被称为正红色。在古代,衣服的颜色也是代表身份和等级的一种标志。上古时期以朱红为尊,红色的礼服称为朱衣,是专门给皇帝祭祀时穿的,后来也用作大臣的祭服。中古以后才是以黄为尊,黄色成为皇室服饰的专用色,而红色则成为朝臣的服色。在唐代,五品以上的官员穿红衣,三品以上穿紫服。从此之后,朱紫就成了品位较高的官员的代称。古代王宫大臣的大门常漆成朱色以示威严。所以古人常以"朱门"、"朱户"代称豪门贵族的府第。如杜甫就有脍炙人口的名句"朱门酒肉臭,路有冻死骨。荣枯咫尺,惆怅难再述。"贴切的描画出了当时社会贫富差距悬殊的景象。

常常会漆成朱色以示威严

由于朱被称为正红色是正统的象征,所以"朱"也代指道德高尚的人或物。比如"近朱者赤,近墨者黑"就是说和道德品质高的人亲近,自己就容易变好。相反,也会沾染上不好的习惯。

由以上的讲述,我们可以看出,人通过对外在世界的了解认识,将优劣、贫富甚至很多感情色彩附加在这原本简单的颜色"朱"上。而这种附加又不仅仅局限在古代,现代人也其继承下来。红色可以被解读为革命鲜血染成的颜色,是英勇悲壮的,是富于感召力的,但放在敌对的一方,可能就会被解读成是恐怖血腥的。蓝、绿本没有什么瓜葛,更谈不上仇恨,然而以深蓝深绿来划分的人群却是唇枪舌剑,甚至拳脚相向。红、蓝原本也没有什么竞争关系,但是每隔四年全世界的人都要看一场"红蓝之争"的激烈选战。

以颜色的视角看世界,既有五彩缤纷,又有繁华落尽。

总之,色彩斑斓、浮华过眼,但愿洗尽铅华也从容吧。

说文解字,今天就到这儿,我们下期再见!

中国字，天下事，欢迎来到说文解字，我是庄婧。说文解字，今天我们来解一个"令"字。

"令"，我们在生活中听到的并不少，"命令、政令、令行禁止"，这样的词汇比比皆是。很多情况下，"令"也表示一种尊敬。比如"令尊"是对对方父亲的尊称，"令堂"是对对方母亲的敬称，称对方的兄弟姐妹，人们也常说"令弟"、"令妹"。那为什么这"令"字在发号命令的同时，还有美好、尊敬的意思呢？

东汉许慎的《说文解字》里说，"令，发号也。"是发号施令的意思。从甲骨文写"令"字我们可以看出，很像一个人张着大口发号施令，另外一个人跪在下面用心聆听。这个字的本义就是发布命令。古文字学家罗振玉说"令"是"集众人而命令之"。在甲骨文和金文中，可以看出下面跪着的人形非常明显，惟妙惟肖。到小篆的时候，这个跪着的人发生了讹变，基本已经看不出来了。楷书里的"令"这种图像的表意就更不明显了。

甲骨文

金文

小篆

从发号施令，人们自然联想到谁是发号施令的人？最多的，当然是当官的。所以"令"由发号施令很容易引申到指"发号施令的人"，也就是长官。中国古代的官吏有尚书令、大司农令、郎中令、县令等等。做官的人往往令人羡慕，为官者也应该品学兼优，所以"令"就引申出了善良美好的意思。因此把"令"加在称呼的前面，也就有了"尊敬"的意味。

我们日常说活，有下逐客令这一说法，意思就是不欢迎这个人让他离开。其实这个"逐客令"来源于战国时期秦国丞相李斯的一篇文章《谏逐客书》。韩国的水利工程师郑

楷书

令箭

国来到秦国为秦修建了一项水利工程郑国渠。有人揭发说，这郑国修这样一条渠劳民伤财其实是个阴谋，就是想把秦的国力都消耗在这项工程上，让秦国入不敷出，国力衰退。秦王听了非常愤怒，下令把别国在秦做官的人一律赶出秦国。李斯也在被驱逐之列，他上书秦王，有理有据的论证外来者对秦国做出的诸多贡献，最终感动了秦王，收回了逐客令。

其实古往今来，人被分割在部落、社群、国家的单位中，人才的跨地域流动是一种常见的现象。如何在大门打开之后，广纳贤才而不轻易猜忌他人是一个领导者的智慧，也是一国人才战略的关键，其实通过李斯的《谏逐客书》，秦王明白了人才是核心竞争力这样一个道理，在用人观念上闭门造车也是不可取的。理性地看待外来事物，从人到机构到资金都是如此，一对外交流引进资源就惊呼洪水猛兽来袭则大可不必，自己人有短期的损失也未见得是坏事，反倒是时不时的关门主义、民粹主义思潮汹涌才是真的危机四伏。

说文解字，今天就到这儿，我们下期再见！

中国字，天下事，欢迎来到说文解字，我是庄婧。说文解字，今天我们来解一个"闭"字。

一说到"闭"，大家就会想到"开"，有"开"有"闭"，互为因果。但是，在当下的中国社会似乎"开"是个好概念——改革开放搞活经济，广开言路建立公民社会。"闭"就不行了，什么"闭关自守"、"闭目塞听"、"闭门造车"，都不怎么样！咱们还真要给这"闭门造车"平平反。为什么呢？因为这在古代原本是个褒义词。这个成语来自朱熹的《中庸或问》原句是，"闭门造车，出门合辙，盖言其法之同。"意思是说，关起门造的车子，拿出去也能合于道路的宽窄，那是因为是按统一规格造的车子。但是这个成语发展到今天用意恰好相反了，不是说能合得上，而是说合不上，比喻人只凭主观办事，不问是否符合实际。一个褒义词就这样被冤枉成贬义词了，其实这被冤枉的还不仅是"闭"字的成语，连"闭"本身的字形都是以讹传讹出了错的。

在金文中"闭"的字形见右图，上部是左右两扇门，下部是个"十"表示的是个门闩，关好门，插上门闩就是"闭"字的意思。《说文解字》对"闭"的解释就很直白："闭，阖门也。"就是关门。但是随着朝代的更迭，字形的演化，不知不觉后人硬是将这好好的一个门闩"十"错写成了才干的"才"，以至于我们今天讲这个字的时候，很多人会想在古代是不是说将很多人才关在门里就叫"闭"？其实这"闭"字和"才"没有丝毫的关系。如果硬要扯上点联系，那也和字形无关，倒是在传情达意上，《易经》中有一句话叫"天地闭，贤人隐。""天地闭"隐含的意思是说，

金文

小篆

楷书

如果君主不能广开言路招纳贤才，那有贤能的人也就不会显露出来了。从这个角度讲，把人才关起来还真是"闭"，而且是为君者、当政者的大"弊"。

如果这当政者、当官者有了弊端、有了错误怎么样呢？其实和大家一样，就要反省，就要"闭门思过"了。这"闭门思过"的成语就出自一位贤德的官员。话说西汉昭帝的时候，燕人韩延寿担任太守。有一次，他到一个县去巡视，碰到兄弟俩向他告状。其中一个说："我弟占了我的耕地。"另一个说："这地本来就是爹妈在世时分给我的，我哥不讲理，硬说是分给他的。"韩延寿听了触动很大。他十分惭愧，说我作为太守，是一郡之长，不能教化百姓，以致今天民众间发生骨肉之间争遗产这样的事。既伤风化，又使贤人孝子受耻。责任都在我身上，我应退职让贤。我能力不行啊，就是说我这官当得不好。之后这韩延寿真的就独自一人呆在馆舍的一间房间里，闭上门，开始思考自己的过错了。这就是闭门思过的来源。据说后来那告状的两兄弟知道韩延寿的这些举动之后，被感化了。痛心疾首地流着泪去向韩延寿请罪了，也算是痛改前非。

当然在今天的社会环境、政治生态里，咱不是说要提倡犯了错就"闭门"，重要的是这样一个自我督察的意识——所谓日省吾身，也不能真把自己锁在屋里，因为为官者掌握行政权力得干事，重要的还是广开言路，不断思过，不断改过，敢于创新，不断进取。毕竟"闭"始终不是办法，很可能闭到最后就成了躲避的"避"。大家都躲着走了。有"先易后难"，就必然有攻坚阶段，躲避是畏缩不前，而关闭则是倒退。

说文解字，今天就到这儿，我们下期再见！

中国字,天下事,欢迎来到说文解字,我是庄婧。说文解字,今天我们来解一个"秉"字。

今天我们说到"秉",多是作动词讲。比如,那别有韵味的成语"秉烛夜游"就是指拿着火把在夜间游玩,有及时行乐的意思。想象一下,一束火光下,在亭台楼阁间嬉戏玩耍,吟诗作赋确实有着令人神往的风雅。《古诗十九首》里就说,"昼短苦夜长,何不秉烛游。"唐代大诗人李白在《春夜宴桃李园序》里更是感叹,"古人秉烛夜游,良有以也。"这两篇诗文里的"秉"都是"拿着"的意思。可是最初这"秉"拿的可不是火把,而是指拿着的一把禾穗。

"秉"的甲骨文字形见右图。左边是一个象形字"禾",就是禾苗,右边是象形字"又",就是一只手,两者合在一起成为"秉",可见"秉"是一个典型的会意字。"秉"的金文和甲骨文基本相同,还是手持一株禾的形体。《说文解字》里说:"秉,禾束也。"朱骏声《说文通训定声》里说:"从又持禾,会意。手持一禾为秉。"意思就是"秉"的本义为一把禾穗儿。《诗·小雅·大田》:"彼有遗秉,此有滞穗。"意思是那块田地里有丢弃的一把一把的禾束,这块田里有落下的一根根的禾穗。"秉"字的产生,充分描画出古人收割禾谷的方式。由于在这样的过程中,手持"禾谷"有"拿"的动作,因此"秉"引申出"持、拿"的意思,又由"持、拿"引申出"掌握、主持"的义项。在日常生活中,这一含义用的很多。比如"秉公执法"、"秉正无私"都是说主持公道,没有私心杂念。

"秉"也是古代一些官职的名称。比如在商周时就出现的"秉钺"一职,就是掌握杀伐大权的官名。钺,就是斧

甲骨文

金文

小篆

楷书

头。西汉时出现"秉铎"一职。铎，是古代时宣布政教、法令或者战事时用的大铃。所以"秉铎"既可以是武官，也可以是文教方面的官员。唐代有"秉笔"这样的职位，也是中央部门里地位很高的官员，可以直接和皇帝打交道。

既然"秉"是拿、握和掌有，那么这掌管物件的重要程度就决定了掌管者的身份地位，"秉钺"、"秉铎"、"秉笔"各有不同，其实这"钺、铎、笔"都是抽象的，象征的就是一种特殊的权力。普天之下的老百姓都希望那些父母官们"秉公执法"，希望那些规则制定者"秉公无私"，今天的每一个社会公民都希望居住在一个"秉持正义与公平"的国度里，希望那些人民的公仆起码"秉持"那近似于常识的操守。

这些给予他人的希望都没有错，但是回过头来，反求诸己，其实我们手里也都有着自己的一把禾穗儿，虽然那不是生杀大权，不见得独一无二，但它依然拥有自己的重量。秉持诚信，秉持道德的底线，秉持对物欲的克制，秉持温良恭俭让的遗风，秉持一种精神上朴实的高贵，这些都是可以属于每一个人的朴实的"秉"。而且我们可以拿到更多的诸如此类的禾穗儿。

当我们总是盼望希求于一种自上而下的赐予，我们似乎忘记了那种自下而上的"秉持"所拥有的巨大能量。

说文解字，今天就到这儿，我们下期再见！

补

中国字，天下事，欢迎来到说文解字，我是庄婧。说文解字，今天我们来解一个"补"字。

"补"是一个字形结构简单，语义也并不复杂的汉字。"弥补、补偿、补习、补课、补贴"，"补"字构词能力很强，是一个典型的常用字。成语里我们非常熟悉的有"亡羊补牢"、"补阙拾遗"、"补天浴日"，总之这"补"就是对残缺的填满，对亏欠的充实。随着人们生活水平的提高，人们衣服上的"补丁"渐渐消失了，但人们对"补"的记忆并没有消失，回溯几十年前"新三年旧三年，缝缝补补又三年"的口号，过来人依旧耳熟能详。物质的贫乏使得那一代人对"补"字的情节很深，和"补"同行的是属于那一代人的艰苦奋斗精神，和对如今的年轻人来说难于理解的消费观念。感性的讲，"补"曾经是共和国年轻的记忆，是艰苦岁月的时代印记。那么接下来，我们就来补上一课，了解一下属于"补"字千年的传统。

"补"是一个形声字，小篆和楷书的字形结构相同，左边一个衣补旁，右边一个"甫"字，在汉字简化的时候，"甫"改为了占卜的"卜"，不过形声字的声旁和形旁功能没有改变。右边的"卜"依旧表声，左边的衣补旁表义，"补"字的本义就是"把衣服补好"。《说文解字》讲："补，完衣也。"正是这样的解释。在《吕氏春秋·顺说》中有"田赞衣补衣而见荆（楚）王"的记述，这里的"补"字用的就是它的原义。文章讲的是田赞穿着补了补丁的破旧衣服去拜见荆王，荆王说："先生之衣，何其恶也？"田赞回答说还有比这更破旧的衣服那就是铠甲，并据此说理劝解荆王休战。"衣补衣"就是穿着补过的衣服。后

小篆

補

隶书

補

楷书

来,"补"字的语义扩展,不单指修补衣服,而泛指对一切破旧事物的修补。

唐代大诗人杜甫在《佳人》一诗中写道,"在山泉水清,出山泉水浊。侍婢卖珠回,牵萝补茅屋。"诗句书写的是诗人杜甫窘迫的生活境况,为了维持生计,让侍女典卖珠宝,房屋破了,牵把青萝修补茅屋。这里的"补"仍作"修补"讲,但对象已宽泛的指向"房屋"了。同时呢,由于"补"本身有完备、补充的意思,所以后来也逐渐衍生出"救济、济助"的语义,《荀子·王制》就有"收孤寡,补贫穷"的记载,这也是儒家伦理中"王天下"的仁政主张。

"补"作为救济和资助讲,在古文中屡见不鲜,除了上面荀卿的言论,在老子创立的道家学说中也有关于"补"字的语句。在道家老子那里,"补"的对象是要依归天理,服从自然之道的,"补"的对象错了就不是在行善施仁政,而是在作恶了。老子说,"天之道,损有余而补不足;人之道,则不然,损不足以奉有余。"意思是自然的规律是将多余的补给不足的,而在人的社会里,往往褊狭的法规是将有余的财富再次拨给富足的人,是劫贫济富。老子以飘逸的姿态训诫世人,这横贯千古的铮铮言论是否也正在现世回响呢?"损不足以奉有余",世人当引以为戒吧!

说文解字,今天就到这儿,我们下期再见!

出

中国字，天下事，欢迎来到说文解字，我是广婧。说文解字，今天我们来解一个"出"字。

"出"是个字形结构较为简洁的汉字，它在我们的日常口语中常常出现，进进出出、出门、出差、出国，"出"的语义我们似乎也是熟悉的，就是从里面到外面去，然而这毕竟是一个较为抽象的过程，古人是如何通过符号表示这一过程的呢？我们来看一下"出"字的甲骨文。

甲骨文

甲骨文的"出"字上面是一个"止"字，像一只朝上的脚，下面是一条上弯的曲线，表示这正是一个门口或土坑口，上下合起来像一只脚从土坑中向外迈出的样子，表示人从屋里向外走出的意思，因此，"出"的本义就是外出。金文中"出"的字形和字义都没有大的改变，到了小篆，止字形发生了讹变，已经和原来的字形发生了较大的改变，看上去像一个"山"字，不过下面的土坑或门口还能看出个大概。再往后汉隶将笔画从圆转变成方折，于是就有了两山相叠的"出"字了。"出"字由外出又引申出显露、出现的意思。苏轼在《后赤壁赋》里有"山高月小，水落石出"。这里的"出"就是出现的意思。关于苏轼，其实和这个"出"字还有一段姻缘，成语"出人头地"就起源于他。

金文

小篆

北宋嘉祐二年的科举考试，欧阳修担任主考。在阅卷时，他被其中一篇文章的文采深深吸引，认为应列第一名。他便把文章传给同僚观看，大家都赞赏不已。不过，欧阳修觉得这份考卷很像是他的朋友曾巩的，为了避嫌，就把它定为第二名。

隶书

放榜后，按礼节考中的学生要去拜谢主考官，不想以第二名身份来的不是曾巩，而是年轻的学子苏轼，欧阳修

才知闹了误会。欧阳修很欣赏苏轼,他给朋友写信时说:"读苏轼的文章,不禁让我汗颜。真痛快啊!我应当给苏轼让路,使他高出我一头。"后来这演化成成语就成了"出人头地"。

其实"出人头地"是典型的中国人的成功逻辑,埋头奋斗、皓首穷经只为一朝成名,为自己立功业,为先祖争荣光。再低微的出身,再困苦的环境,可以少年得志,也不乏大器晚成,但是终点都指向"出人头地"。在当下中国,年轻的一代人普遍是独生子女,他们每一个人背后都寄托着一个家庭的殷切期待,都饱含了父母双亲的谆谆教诲,他们从小被教导的成功概念,幸福观念就是物质富足、成功成名,不是如何选择生活的方式而是如何到达富足的顶峰。这和父辈们对知识与财富的渴求密切相关,这种投射造就了一种社会的主流幸福观——出人头地才能幸福,才会被人尊重。正是在这样一种"出人头地"的观念作用下,一辈辈人前赴后继,从根本上它是中国经济发展的内在动力。然而或许我们也可以体会到,这种成功观念的大面积投射造就了时代的性格与社会的焦灼,中国人在手握大笔美元之后似乎并未找到关于生活幸福的真正出口。

说文解字,今天就到这儿,我们下期再见!

中国字，天下事，欢迎来到说文解字，我是庄婧。说文解字，今天我们来解一个"飞"字。

人类总是在挑战生理的极限，并利用工具突破一个个看似不可能的常规。

1908年9月10日，莱特兄弟发明的飞机在76米的高度飞行了1小时14分，第一次实现了人类持续飞翔的梦想。

1961年4月12日苏联宇航员加加林乘坐东方1号宇宙飞船完成了世界上首次载人宇宙飞行，实现了人类进入太空的愿望。

2003年10月15日，中国航天员杨利伟乘坐神舟五号飞船首次进入太空，谱写了中国人自己的飞天神话。

"飞"自古就是人类的梦想，在中国的诗词歌赋中屡见不鲜。而在文字的起源处，"飞"就是一只展翅飞翔的鸟。

《说文解字》里讲，"飞，鸟翥也。" 清代文字学家王筠解释说，"飞"是个整体指事字，字形是鸟儿向上飞举的背面形状。"飞"的本义就是指鸟飞翔。简化字的字形保留了繁体字的一部分。由鸟雀飞翔，"飞"延伸指事物在空中运动，比如飞机、飞船、飞碟等等。佛教壁画或石刻中在天空飞舞的神，叫飞天。大同云冈石窟和敦煌石窟都有许多极其优美的飞天形象。

由实物的飞行，"飞"又作飞逝，比喻时间的转瞬即逝、时光飞逝。而"飞光"一词就是指飞逝的光阴，在古代诗词中常常出现。比如唐代诗人李贺在《苦昼短》中就写有，"飞光，飞光，劝尔一杯酒。"叹息人生易老，日月不居。

飞翔是人的一个梦，很多人都梦到过飞，但是"飞熊

甲骨文

金文

小篆

飛

隶书

2003年10月15日 中国人首次进入太空

入梦"这一成语说的是，商朝末期的周文王姬昌梦到的却不是自己在飞，而是一头会飞的熊，也就是飞熊。此时文王姬昌正在广纳贤才，非常需要能治国安邦辅佐他的良材干将。他找人来解梦，人说这预示着将有良才来辅佐他，于是姬昌就按照卜卦带领人马到渭水边找到了直钩钓鱼的姜子牙，而姜子牙号飞熊。后来人们就用"飞熊入梦"比喻圣主得到贤臣的征兆。

"飞黄腾达"是今天我们常用的一个成语。飞黄也叫"乘黄"，是传说中的神马的名字。腾达，本作"腾踏"，是上升的意思。飞黄腾达形容骏马奔腾飞驰，比喻人骤然得志，官职地位很快高升。作为一个喜庆之词，飞黄腾达常用在很多祝福语中。人们期待好的人生机遇，能够飞黄腾达、平步青云。唐代韩愈在劝解自己儿子好好读书的文章中写有，"飞黄腾踏去，不能顾蟾蜍。"

此外，"飞"和"腾"在现代汉语中都有高升的意味，所以人们常用"腾飞"这个词，比喻国家的迅速崛起飞跃进步。而由二十世纪八十年代一路走来，"腾飞"一词常常伴随在中国的左右，在三十年间似乎专为中国制造一般。不过如果一个国家每年的GDP增长都以两位数记，那倒是可以称之为"飞"的。国人亢奋，资源助推，技术革命，世界变平，三十年的中国确实如同一只鲲鹏大鸟在振翅高歌，腾飞不已。然而正如没有飞翔而不栖息的鸟兽，规律使然，也没有一味高歌猛进从不停歇的国家。在波诡云谲的全球经济背景下，无论是"硬"还是"软"，飞翔必有着陆的时候，今时今日在"飞"的过程中，似乎我们应该开始研究，"落"的学问了。

说文解字，今天就到这儿，我们下期再见！

中国字，天下事，欢迎来到说文解字，我是庠婧。说文解字，今天我们来解一个"分"字。

"话说天下大事，分久必合，合久必分。"这是中国古典名著《三国演义》开篇的一句话，"分"和"合"我们常常相对使用。在现代汉语里，"分"的构词能力很强，意义都较为明确，像在这里就是"分开"的意思。那么古人怎样通过字形的构造来体现"分开"这样的含义呢？我们首先来看"分"字形的转化过程。

"分"在甲骨文里和今天形似，略有不同，经过金文、小篆，到隶书逐渐接近今天我们书写的楷书。它的语义很好分辨，我们可以看到，它是由"八"和"刀"构成的，"八"在形体上本身就有"背离"的意思，再加上一把"刀"，形成会意。用"刀"来切割，使它分开。这就是"分"的本义"分开"。在古代文献中，我们看到这种义项的用法很普遍。比如在《庄子·渔父》中记有"见父子未尝不分庭抗礼"这样的话，其中"分"就做"分开"解。这是庄子叙述的子路质问孔子礼下于人的故事。孔子周游列国的途中，坐在高地上休息，弟子们在一旁读书，孔子操琴弹奏。这时有一位渔人来见，批评孔子说你无官无职而举行礼乐真是多此一举。孔子虚心接受，以礼相待。之后，子路来问孔子说，我跟随老师这么久，从未见老师这样以礼待人。就是诸侯君主和老师相见，尚且是分庭设置礼仪迎接，老师您还有倨傲的姿态。怎么一个渔人，你却如此厚礼相敬，尊如师长，是不是太过分了。孔子说："对长者不敬是失礼，对贤者不尊是不仁，道之所在，敬之所在，渔人讲话有理，就应该得到尊敬。"

甲骨文

金文

小篆

隶书

唐代诗人杜甫的《八阵图》中有这样两句诗:"功盖三分国,名成八阵图。"意思是说,诸葛亮的卓越功绩在于他帮助刘备建立了蜀汉政权,由此形成了魏蜀吴三国并存、同分天下的局面。他的卓著声名之一就是创制了八阵图。这里的"分"也是做"分开"或"分割"讲的。

《说文解字》讲:"分,别也。""别"就是"分别"的意思。

在现代汉语中,"分"的义项也发生了相关联的延伸,比如"分开"有整体分散的意义,所以"分"就有了"分离"、"分散"的意思。另外,物体被分割开就有了各自的归属,所以"分"还有分配给予的意味。

"分分合合"有时在所难免,但是在人的情感世界里,"分"有时是一种痛苦,朋友分别依依不舍,亲人分离心生牵挂,爱人分别撕心裂肺,多少辛劳惆怅都是从这"分"开始的。此外,如果"分"的不仅是情,而是利益,就更是博弈制衡、难分难舍了。如若要是领土,那是一定要上升到神圣不可分割的层面的。可见,这"分"不是一件简单的事。

然而在我们的日常生活中,我们往往注重的是实物的分,一个东西一分为二,或者利益可以分权、分管,再者是大到神圣不可侵犯的国家领土的"分",却可能偏偏忽略了,我们生活伦理的"分",为人做事原则的"分","灵魂"与"智慧"的"分",这种"分"来自一种集体意识,不知不觉可能正在侵蚀着我们一代人甚至下一代人,一种成功成名的机会主义和我们内心的道德价值的分离。一方面不择手段地去赢取功利,另一方面烧香拜佛自我安慰,这种源自灵魂的"事功智慧"与"良知操守"的分离,才是最为可怕的。

说文解字,今天就到这儿,我们下期再见!

中国字，天下事，欢迎来到说文解字，我是庄婧。说文解字，今天我们来解一个"回"字。

"回"字形结构简单，也较为常用。在中国内地的中学语文课本里收录有鲁迅先生的小说《孔乙己》，在这部小说里，穷困潦倒的主人公孔乙己就曾炫耀自己知道"回"字的四种写法，并以此来标榜自己的学识。其实常见到的回字有三种写法，孔乙己要写的第四种非常生僻，而这样一个学无所用的书生偏偏以此为本领，显出了他的可悲和鲁迅刻画人物的深刻。那么今天我们讲"回"字也从它的字形说起。

甲骨文

"回"字是个象形字。甲骨文像流水旋转的形状，金文和甲骨文相似，只不过旋转的方向相反。到小篆和今天的楷书差别就不大了。东汉许慎的《说文解字》里讲，"回，转也。"就是说旋绕回转叫做"回"。这就是"回"字的本意，像"峰回路转"、"道路迂回"都是这个意思。唐代诗人岑参在《白雪歌送武判官归京》中写道，"山回路转不见君，雪上空留马行处。"描写的情景就是武判官骑着快马，在盘旋曲折的高山雪路上一会儿就消失了，而此时在雪地上只留下了马的蹄印。所谓"山回路转"就是我们常用的"峰回路转"。

金文

小篆

由回转的"回"延伸出掉转、回首进而回顾的多重含义。辛亥革命时期的女革命家秋瑾《感时》有"一腔热血愁回首，肠断难为五月花"的诗句，悲壮怆然之情弥漫于字里行间。

楷书

由"回"组成的常用词汇很多，比如回家、回首、回报、回避等等。其中我们形容一个大夫医术好，经常说他"妙手回春"、能够"起死回生"。其实这"起死回生"的

典故正是源于中国历史上的一位名医——扁鹊。这一典故出自《史记·扁鹊列传》，据记载，扁鹊外出路过虢国，正赶上虢国太子突然害病死了。扁鹊得知后，自告奋勇，请求医治太子，等到仔细察看过太子之后，扁鹊说，"太子并未真死，他是得了一种昏迷的蹶病，有希望治好。"接着扁鹊就利用针灸疗法让太子一点点地苏醒了过来，再配以汤药，不久太子就完全康复了。这一消息不胫而走，从此"起死回生"就用来形容像扁鹊一样的医生所拥有的高明的医术。

借助医生高明的医术起死回生的人是幸运的，而明知难逃一死仍义无反顾的殉道者则是悲壮的。清末谭嗣同在变法失败后于《临终语》里写道，"有心杀贼，无力回天。"回天比喻权大势重，能够左右或者扭转难以挽回的局势。这里的"回"当"扭转"讲。戊戌变法失败，大势已去无力回天，消息败露，每个参与者都有生命危险。谭嗣同在临终时写"有心杀贼，无力回天"，显示出一个改革者的勇敢、不畏牺牲的坚韧和执著。

"各国变法无不从流血而成，今日中国未闻有因变法而流血者，此国之所以不昌也。有之，请自嗣同始。"——由商鞅到王安石再到谭嗣同，自古变法革新者都需承担巨大的压力甚至牺牲掉自己的生命。改革之难犹如破冰，打破既得利益者的垄断更会遭人忌恨甚至毒手，然而越到攻坚阶段越要有义无反顾的勇气。1998年，时任中国政府总理的朱镕基履新之时说的一句话至今常被人提起。"不管前面是地雷阵还是万丈深渊，我都将一往无前，义无反顾……"千年流转，百年兴亡，十年弹指一挥间，改革变法仍在继续，功过依然留待后人评说，回首往事为的是继往开来！

说文解字，今天就到这儿，我们下期再见！

教

中国字，天下事，欢迎来到说文解字，我是庄婧。说文解字，今天我们来解一个"教"字。

"教育"、"教导"、"教师"、"教练"，"教"这个字的语义大家都大致了解。现代汉语字典的解释有"指导、训诲"，是我们比较熟悉的义项。孔子讲"有教无类"，就是说教学生的时候，不询问他们的出身、身份，只问是否诚心向学，中国是一个有着悠久教育传统的国家，在周朝的时候由国家兴办的学校教育已经达到了相当高的水平。教育是一个传授的过程，古人在造字的时候，巧妙地表现了它的语义。首先我们来了解一下"教"的甲骨文字形，在字形结构中我们将更多地读出古代教育的意义。

"教"字是个会意字，或者说会意兼形声。甲骨文字形见右图，右边是一个手拿了一条教鞭，左下方是一个小孩儿，小孩头上的部分是被教鞭抽打的象征符号。金文与甲骨文略有不同，小篆沿袭了甲骨文的写法。"教"的意义是教育教导。东汉许慎的《说文解字》说，"教，上所施，下所效也。"不过从甲骨文的字形中我们也可以读出古人"棍棒教育"、"严加管教"的意味。后来，"教"引申为"效法"、"学习"，又可以延伸为"使"。王昌龄在《出塞》诗中写道："但使龙城飞将在，不教胡马度阴山。" 这其中的"教"就是"使"的意思。

查阅史料，我们会发现，我国教育机构的建立历史悠久，华夏文明初创时期就已经有所记载，上古的学校称为"庠（xiáng）序"、"成均"。《礼记》中记载，"顺先王诗书礼乐以造士。春秋教以礼乐，冬夏教以诗书。"由此可看出这个时候的教育多以人文教育为主。

甲骨文

金文

小篆

隶书

但使龙城飞将在
不教胡马度阴山

周代的教育是和当时的礼乐制度密切相关的，随着由学校培养的优秀人才被分封到各地，礼乐诗书的文化种子便播撒到全国，从而造就了周代高度发展的文明。以至于孔子由衷地感慨道，"郁郁乎文哉，吾从周！"

周王朝礼乐制度所呈现出的文明景观，历来被中国古代知识分子所推崇，孔子就是其中的代表人物。儒家教育所使用的教材如《诗经》、《周易》、《礼记》等都在教化人怎样成为学养深厚的君子。由于儒家教育中这种极强的教化功能，所以慢慢地"教"字具有了新的引申义项——宗教。

宗教在并不遥远的历史话语里曾一度作为愚昧的代名词，孔子也被贬低为腐朽的象征，然而在当代中国我们越发察觉每一个个体生命直到汇聚成一个民族整体，都需要一种关乎灵魂的安抚或者说心灵的教化，伦理中国被敲碎之后等待重建，去宗教化的国度需要一种新的"教"，它可以不是具体的某个名称，但是在当下信仰的真空里需要基于灵魂的教育。

说文解字，今天就到这儿，我们下期再见！

中国字，天下事，欢迎来到说文解字，我是庄婧。说文解字，今天我们来解一个"觉"字。

"觉"是一个多音字，日常生活中我们常常说的是睡觉的"觉"。不过今天我们着重讲的是它另外一个读音觉察的"觉"。往往对事物洞察能力强，对新思潮新风气领悟早的人会被称为先知先觉。在生活中要是形容某人做事神秘，没有被人发现，可以说神不知鬼不觉。

"见"的甲骨文

"觉"字是上下结构，在小篆中比划较为繁复，但结构清晰，上面是一个"学"字头，下面是一个看见的"见"，是一个典型的形声字，"学"表声，"见"表意。

"见"在甲骨文、金文、小篆里都是上有目下有人。《说文解字》的解释为"见，视也"就是看，又引申指发现。《论语》中讲，"见贤思齐焉，见不贤而内自省也。"意思是见到贤良的人就向他看齐，遇到缺乏道德的人要反躬自省。这样一个形旁的"见"体现出"觉"的本义——醒悟明白。东汉许慎的《说文解字》就讲到："觉，悟也。"

"见"的金文

五柳先生陶渊明在《归去来兮辞》中唱和道，"悟已往之不谏，知来者之可追。实迷途其未远，觉今是而昨非。"意思是，认识到过去的错误已不可挽救，知道了未来的事情尚可追回。实在是误入迷途还不算太远，已经觉悟到今天"是"而昨天"非"。这里的一个"觉"字，正是当"觉悟醒悟"讲，是陶渊明归隐田园时对过往生活的一种自省，对精神向往的觉悟和执著。五柳先生既然身心向往采菊东篱下的悠然，便弃官还乡独自去实现这"觉"了。然而，并不是有觉悟的人都会如此幸运和洒脱，在中国的小说中，人物的名字是大有讲究的，比如巴金笔下的觉新，这《家》

"见"的小篆

隶书

中的大少爷，本是觉察到时代的先声，但是终究难逃命运的悲剧，觉察到"新"，却依旧被"旧"所束缚，这"觉"就成了一种痛苦，成了一种在铁屋子里被闷死前才被唤醒的痛苦。"觉而不至"，知晓方向却不能走心中的道路成了巴金笔下人物与时代的悲剧。

大时代里必然有先知先觉的人，先觉者的呐喊往往被视为离经叛道的杂音，先知在未被认可之前多是痛苦甚至危险的。所以多数的先知先觉者保持了沉默。可是社会的前进又需要先觉者的担当，属于中国士大夫的使命感传承至今，是知识分子的社会责任。孟子讲，"天之生此民也，使先知觉后知，使先觉觉后觉也。"先觉者的声音宝贵，一个良性的社会也体现在对先觉者的包容与听取。

说文解字，今天就到这儿，我们下期再见！

中国字,天下事,欢迎来到说文解字,我是庄婧。说文解字,今天我们来解一个"念"字。

"一念之间、念念不忘、纪念、怀念",由这些词语我们可以粗略地看出"念"和我们的思维活动有关。唐代的韩愈在《醲醁》一诗中吟咏道,"报国心皎洁,念时涕泛澜。"可见这诗文中的"念"又不仅仅是思维活动——想,更添加了情感的因素,韩愈的"涕泛澜"使"念"成了一种忧虑的想。那么这让人牵肠挂肚的一个"念"字,在造字之初是什么意思呢?让我们回到它原始的字形当中去。

"念"古今字形变化不大,本身是一个形声字。在金文中是这样写的:上面一个"今",下面一个"心"字底,用来表意。小篆的"念"承接金文,楷书又接续小篆,可以说"念"古今字形式是一脉相承的。在《说文解字》里解释,"念,常思也。"意思就是长久思念,这也是"念"的本义。不过在使用过程中,我们也常常把它用作"念头、想法",成为名词,比如私心杂念、万念俱灰。《战国策·赵策四》有这样的句子,"将其踵为之泣,念悲其远也。"其中的念就是念头、想法。往往一个念头、想法,人们想到都会向人诉说,由此就引申出"读"的义项,比如念书、念课文、念诵诗文等等。

明代的魏学洢在《核舟记》里描写核舟上的佛印写道:"卧右膝,诎右臂支船,而竖其左膝,左臂挂念珠倚之,珠可历历数也。"这可"历数"的珠子就是我们常说的念珠。念珠不能单从字面解释,它是佛教徒诵经时用来计算次数的成串的珠子,又称"数珠",常用来克制欲念。

而"念"这个字在佛教里,又是个非同寻常的字眼,

金文

小篆

隶书

楷书

119

它是佛教徒诵经时用

是佛学的常用语。比如在释家说禅的时候，就有这样一句话，叫做"成佛成魔一念间"。它记述了一个小故事，说有一个绰号叫做"哭婆"的老婆婆，她在晴天艳阳高照也哭，雨天阴雨连绵也哭。有一次一个和尚经过，看见"哭婆"又在哭哭啼啼，就问她为什么总要哭呢？"哭婆"说，我有两个女儿，大女儿是卖鞋的，二女儿是卖伞的，晴天的时候我就想，这我二女儿卖伞生意可怎么做啊，雨天的时候我又想这大女儿赶上雨天，怎会有顾客买鞋呢？和尚听到这对哭婆说，你应该在晴天的时候想大女儿的店生意会很好，在雨天的时候想小女儿的伞一定买的好。"哭婆"听了茅塞顿开，再也不哭了。和尚的一番话，可以用"转念"概括。

"成佛成魔一念间"就是释家所说的"即心即佛"，一件事情发生，是喜是忧？全在于你从哪个角度去看，所谓"念"既是思考本身，又是思考的角度，是我们思维的出口。一念可让我们平和，一念也可让我们落魄，一个"念"字了得！

说文解字，今天就到这儿，我们下期再见！

中国字，天下事，欢迎来到说文解字，我是庄婧。说文解字，今天我们来解一个"弃"字。

舍弃、抛弃、放弃，我们在现代汉语中用到"弃"这个字的时候，情绪好像都不太好，不是不得不做的割舍，就是有些残忍的置之不理，再就是彻底的离开，放弃拥有或正在追寻的目标。人性深处多多益善的占有欲，让这个"弃"多少带上了一些无奈、落寞的色彩。那么"弃"在最初造字的时候，是什么意思呢？古汉字是怎样表达它的用意呢？让我们在古老的甲骨文里找寻答案。

"弃"在古人造字的时候，本意就非常残酷，不是一般的舍弃衣服、食物、金钱，而是对亲生骨肉的抛弃。"弃"是个非常形象的会意字。从甲骨文上看，它分为上中下三部分，字的下部表示"一双手"，中部的符号表示盛垃圾的簸箕，上部的符号是"子"。有的甲骨文里，"子"的周围还有一些"小点儿"用来表示"血水"。这上中下三部分的组合形象描画出"弃"的本义，是把新生儿放在簸箕里准备扔出去。自己的孩子为什么要扔出去呢，为什么要"弃婴"呢？

其实这是古代的一种风俗在汉字里的具体体现。远古时期生活水平低下，婴儿夭折的比例非常大。古时候的人决定，让大自然来为自己挑选那些身体强健能够抚养长大的婴儿。于是他们在孩子出生之后，会将婴儿抱到旷野里，如果他没有死，再把他抱回来抚养。在今天人们听来非常残酷的行为，在远古时期却是常见的，甚至古代弃婴一度成为原始部族的一种信仰，依靠上天的指示养育后代，也所谓物竞天择。

除此之外，在古代，新生儿出生不顺利就是现在人们常说的难产，会被认为是不吉利的，婴儿也会被抛弃。在

甲骨文

金文

小篆

隶书

弃医从文的鲁迅以笔为刀枪

《左传·隐公元年》里就记载了这样一件事：郑庄公出生时难产，因为是贵族才没有被抛弃，但是他却因此始终得不到母亲姜氏的喜爱，甚至一度要被剥夺王位的继承权。由此可见古时人们对这生育理解的片面性，由于知识匮乏而带来的迷信，是很严重的。

不过随着时间的推移，生活条件的改善以及古人对自然界、人体本身更为科学的认识。弃婴的风俗渐渐被冲淡了，后来这种风俗演化为一种非常有趣的假"弃"，就是象征性的暂时把婴儿"弃"掉，目的是为了免除灾祸，求得平安吉祥。

后来，"弃"的字义也就不仅仅指向婴儿了，扔掉舍弃任何东西都可以称为"弃"。在《韩非子·五蠹》里有"弃私家之事，而必汗马之劳"的句子，其中的"弃"就是作"抛弃"讲的。

当然这"弃"也并非都是不愉快的或者割舍的无奈，如果抛弃的是腐朽的体制、慵懒的陋习那就是一件好事情了。"弃"在成语中有弃暗投明、弃伪存真等等，都表现的是积极的意思。"弃"的对象决定了对"弃"的评价，面对愚弱的国民，弃医从文的鲁迅以笔为刀枪，面对救亡图存的中国，多少仁人志士弃笔从戎。

为了更高理想的"弃"有时是大有作为的开始，对于今天的我们，其实始终也是活在一种"弃"与"不弃"的选择当中的，成长的少年完善自己的人格面临"弃"与"不弃"，少年的中国在乡土传统和外在世界的交流碰撞里面临"弃"与"不弃"，意识形态、体制、国格诸如此类，在今天也都面临着"弃"与"不弃"，或者说"真弃"还是象征性的"假弃"。其实一个"弃"字在现代化的路途上考验国人至少也有百年之久了。"弃"需要胸怀更需要审慎。

说文解字，今天就到这儿，我们下期再见！

取

中国字，天下事，欢迎来到说文解字，我是庄婧。说文解字，今天我们来解一个"取"字。

"取"字算起来是我们很熟悉的汉字之一，"取"就是拿过来，在现代汉语的日常应用中它的使用频次非常高。"取之不尽，用之不竭"形容所取的东西很丰富，源源不断。"取而代之"表述夺取别人的权位，泛指一事物取代另一事物。孟子曾说，"鱼，我所欲也，熊掌，亦我所欲也；二者不可得兼，舍鱼而取熊掌者也。生，亦我所欲也，义，亦我所欲也；二者不可得兼，舍生而取义者也。"由孟子的话可知"取"本身就是一种选择，"取舍"常常并用，由取舍的态度往往也可见一个人的品格。宋代名臣文天祥在《西江月》里的名句"留取丹心照汗青"就被后人称颂为一种有气节的"取"。然而，最初古人造字表示这样一个"取"的意义却显得既不高尚也无气节，只有血淋淋的残酷。为什么这么说呢？看过"取"的古字形便能略知一二了。

"取"是一个会意字。我们可以看出无论是甲骨文、金文还是小篆，"取"字都是由耳朵的"耳"和又一次的"又"组成的，而"又"字形所表示的就是一只人的手。因此由字形结构可以读解"取"字描画的正是一只手攥着一只耳朵。东汉许慎的《说文解字》对"取"的解释为，"取，捕取也。"说的较为笼统，《周礼》中的记述让人容易理解，《周礼》中说："大兽公之，小禽私之，获者取左耳。""取"字源于古人猎取野兽之后，无法将其抬回住地的时候，便割取野兽的耳朵，一方面拿回氏族住地表明自己确实猎有所获，另一方面，当其他人再看到已被杀死的野兽，看见耳朵已被人割去，便知道这只猎物已经

甲骨文

金文

小篆

隶书

有主，不会再动了。这种习俗演变到后来，变成了在战场上割去敌人的左耳来记功。割取耳朵越多，证明杀死敌人越多，战功也就越大。

在此基础上，征服敌国的城邑也称之为"取"。《左转》中记述说，"凡克邑不用师徒曰取。"意思是说，凡是攻取城镇不用兴师动众，很容易得到的就称之为"取"。成语中的"探囊取物"便有容易的意味。另外关于"取"的成语还有"咎由自取" 意思是灾祸或罪过是自己招来的，自作自受。孟子曾说，"人必自侮，然后人侮之；家必自毁，而后人毁之；国必自伐，而后人伐之。"意思是人必定先是自己不尊重自己，然后别人才不尊重他；家也一定是自己先毁坏，然后别人才敢毁坏它；一个国家也一定是自己先发生内部的混乱，其他的国家才会攻打它。这一切都是"咎由自取"。

所谓"物必先腐，而后虫生"。一个人放荡自己的言行，人们就开始侮辱他甚至诋毁他。一个民族同室操戈，而后外族就会入侵企图吞并它奴役它。一种文化先是被自己的传人轻视妄自菲薄，而后才会被人忽视直至泯灭。祸福相依，有因有果，自取者当自重！

说文解字，今天就到这儿，我们下期再见！

删

中国字，天下事，欢迎来到说文解字，我是庄婧。说文解字，今天我们来解一个"删"字。

删除或者删改是"删"在今天的日常用语中最常使用的词汇，我们使用电脑会非常频繁的复制、粘贴或者删除。在日常的生活中，面对繁重的工作、庞杂的局面，我们都希望删繁就简，能够抓住其中的主线，达到事半功倍的效果。"删"其实是一门技术，它要辨别是非、区分用途，删掉不实用的，留下有价值的。"删"要彻底，不能敷衍了事，留下痕迹的"删"是远远没有达到"删"字造字时的本义的，那么他的本义是什么呢？我们在它的字形中，会看出有趣的答案。

"删"是个典型的会意字，小篆是这样写的，左边一个"册"，右边一把"刀"，东汉许慎的《说文解字》里面讲："删，剟也。"剟的意思就是削减，删除。所以"删"的本义也就是"删除"。它左边的构成"册"我们都明白就是指书籍卷宗，可是为什么右边要有一把刀呢？难道对于典籍字句的修改还要动刀不成，没错，还真得用到"刀"。这是因为我们的先人是将字写在竹简上的，将书写好的竹简，串在一起就成了册，这一点通过"册"的古字形看得很清楚，而一旦人们书写错误，在竹简上修改，墨汁已经浸入竹片或木片，是擦不掉也是擦不干净的，所以人们就要准备一把刀，将错误的字句用刀刮下来。于是这一"册"一"刀"就形象地描画出了"删"字的字义。"

因此古人制作书简，书写记事，传递命令，除了手执一杆笔，更要备有一把刀，不仅要精通写字作文的笔法，而

小篆

删

隶书

且还要熟悉删削简牍的刀法，也就是必须刀笔都具备，且刀法笔法都出众，才能写好一篇文章。也正是由于古人写作时都是刀笔并用，所以"刀笔"就成了书写工具的泛称，后来也指那些以刀笔为业的官员，也就是今天说的"刀笔吏"。

南唐徐锴在《说文系传》里说："古以简牍，故曰孔子删《诗》、《书》，言有所取舍也。"这句话的意思就是说孔子删减《诗》、《书》，是用"刀"刮去没有用处的，留下有价值的。

"删"是一个去除的过程，但是删的同时，又要写下新的词句，其实它就是对所用语言，或者所批注书籍内容的一种取舍，于是后来"删"就引申作"取舍"解了。"取舍"二字看来简单，但其实正是"删"字中的大学问。"取舍"对了，是拨乱反正，"删"得错了是混淆是非，"删"得公正要刨去利益的瓜葛，"取舍"得当要有直面威权的勇气。

"删华就素"是"删"字的一个成语，意思是放弃荣华富贵而过简朴生活。其实这正是面对人情世故、利益瓜葛以及过往是非，"取舍"时要求公允的一个必备的心态，淡薄名利往往是秉笔直书的基础，这一点"刀笔吏"是做不来的。

说文解字，今天就到这儿，我们下期再见！

中国字，天下事，欢迎来到说文解字，我是庄婧。说文解字，今天我们来解一个"闪"字。

提到"闪"我们第一时间会想到什么呢？可能是天空中闪烁的星星，也可能是雷雨交加时突如其来的闪电，或者是江面上远远望去忽明忽暗的灯火，在人们印象里"闪"多半给人一种迅速、出其不意、忽隐忽现的感觉。

在现代都市生活中，人们常用的流行语就有"闪了"这样的说法，意思就是"事情结束迅速地离开"。

那么以上这些，哪个是"闪"的本义呢？其实都不是，"闪"的本义很私密——那是一个人透过门缝偷偷地看。

"闪"的本义说白了就是偷窥。东汉许慎的《说文解字》里讲闪，"闚（同窥）头门中也"。小篆里看得很明白，一扇门，里面一个人，透着门缝偷偷地看。到隶书几乎没有什么改变，而现在我们用的楷书也只是将门简化了，人没变。一个人在门里偷看就是"闪"，它是一个非常典型的会意字。三国时期的著名历史著作《魏略》中的记载就佐证了这一点，书里讲刘类这个人喜欢监视他部下的活动，常在白天透过墙缝偷看部下的一举一动，所谓"白日常自于墙壁间窥闪"。

我们可以想象偷窥的人都不希望别人看见自己，常常是偷偷摸摸、躲躲闪闪的，所以"闪"就引申出"躲闪"的意思。又因为这个人在门缝里看，用门作掩护，肯定是探头探脑的，所以"闪"又引申出"忽隐忽现"的意思，这样我们就能理解为什么星星或远处的灯火我们称之为闪烁了。唐代孔颖达等在解释《礼记·礼运》时说的"闪是忽有忽无"，就是这个意思。而至于"闪电"，那是因为"闪"一

小篆

隶书

楷书

定是一个很快的动作,是一瞬间的事情,闪电这种自然现象恰恰是稍纵即逝的,所以人们叫它"闪电"也说"打闪"。

正是"闪"的迅速,当人们因为动作太快或用力过猛而扭伤筋骨的时候也说"闪了腰"、"闪了脖子"。

"闪"是忽隐忽现,是闪烁,是流逝,是一瞬间,所以"闪"用来形容星星、光、电这些我们捉摸不定,难以恒久的东西,我们都已习以为常。但是当这偷偷看的"闪"字遭遇了人们期望永恒的感情,则有些让人猝不及防,比如现代社会生活中有"闪婚",迅速地结发为夫妻,又可能迅速地劳燕分飞。

当人类珍视的情感、爱以及对爱的向往"闪"起来,总是有那么一点随意和不珍重,甚至游戏的感觉。"闪"是安全的,因为它是一个人偷偷地在看,用门作着掩护,不出来所以没有牺牲,没有暴露,"闪"是巧妙的,只要人闪烁其词、模棱两可,你就永远抓不住他的缺点和漏洞。然而相对的,"闪"流露出了它的不真诚、它的怯懦、它的逃避,所以人们执著的信念不能闪,神圣的婚姻不应该闪,为人的信仰不可以闪。因为"闪"多了,人会迷失方向,"闪"来得美好,多数会"闪"地迅速。

门里偷偷看的那个人总要走出来,才能真正地面对他所看的人和事,开始他真实的生活。

说文解字,今天就到这儿,我们下期再见!

尚

中国字，天下事，欢迎来到说文解字，我是庄婧。说文解字，今天我们来解一个"尚"字。

"尚"多用于书面语。口语中应用并不多，有些习惯用词虽然我们总是见到听到，但是细究它的含义却未必能讲得十分透彻。比如为什么古代钦差手持的尚方宝剑至高无上，"尚方"究竟怎么解释？五经中的《尚书》究竟是一本什么书，都包含哪些内容？墨子说的"尚贤"包含了哪些墨家的政治理念？古代的官职尚书，到底是多大的官儿？要对这些常见的词汇有深入的了解，我们还是要从"尚"字的本义讲起。

我们首先来看"尚"的甲骨文和金文，在上面的两笔表示"分散"，下面是一个"向"字，也就是朝北的窗子。这两部分合起来的意思是由窗口向上散气。向也是声旁，由此看"尚"是个形声兼会意字。东汉许慎的《说文解字》讲，"尚，曾也。"意思就是"增加"。

根据增加的对象不同，"尚"的表意也不尽相同。体现在"思想高度"上，就是超过、超出的意思。《论语》中有"好仁者，无以尚之"，意思是喜欢仁德的人，别人是无法超过他的。体现在时间上，表示久远，《元史》中有"水为中国患，尚矣"，就是说水灾作为中国的灾患，这已经有很久了。

"尚"经过延伸演化词性是很多的。作名词，可表示志向，愿望。李白《登峨眉山》一诗有："平生有微尚，欢笑自此毕。"作动词，可作夸耀讲。《礼记·表记》："君子不自大其事，不自尚其功。"作为一种做人的规范，就是不要自吹自擂。作形容词多指高尚。陶渊明在《桃花源记》

甲骨文

金文

小篆

楷书

中写，"南阳刘子骥，高尚士也。"就是说这刘子骥是个高尚的人。

而我们说的四书五经里的《尚书》，"尚"等同于上下的"上"，《尚书》就是中国上古历史文件的汇编。《尚书》就是上古之书。相传由孔丘编选而成，传本有些篇是后人追述补充进去的，如《尧典》、《皋陶谟》、《禹贡》等等。先前我们说到的尚方宝剑，指皇帝专用的宝剑，因此象征着至高无上的权威。这里的"尚"也等同于上下的"上"。而作为官职的尚书究竟是多大的官呢？其实原本尚书地位很低，又称"掌书"，职责是掌管殿内的文书。不过后来权力越来越大，到西汉成帝时期，大臣们的奏章都要经过尚书的手才能传达给皇帝。由于事务繁多，成立了"尚书台"这个专门机构，首长是"尚书令"，后来逐渐成为握有国家实权的机构。至于墨家倡导的"尚贤"其实质是主张突破贵族世袭制度，有能则举之，无能则下之，可以看做是中国古代突破尊卑等级、寻求平等政治权利的一种学说。在先秦时期提出这种主张，也算是开一代风气之先。

在今天对于"尚"我们应用较广泛的含义是崇尚、尊崇和盛行。比如"风尚"就是指在一定时期，社会上普遍流行的风气和习惯。有人说观察一个社会或时代的特质，只来看看它所推崇的人和事，就一切都明了了。不过凡是作为社会增值的"风尚"向来在推崇的时候都会保持一种理性，在盛行之中都会保持一种约束。一个尚武的民族要懂得不躁动不穷兵黩武，一个经济大发展的时代要懂得财富是手段不是目的，一个筹建法制的社会，要懂得法制赋予人人以权力同时要求人人尽一个公民的责任和义务。表面越风起云涌，内里越沉静扎实。

当理性和仁德作为一种"风尚"被全社会推崇，那将是一种信仰的回归，一个天下的福音。

说文解字，今天就到这儿，我们下期再见！

尚方宝剑

中国字，天下事，欢迎来到说文解字，我是庄婧。说文解字，今天我们来解一个"审"字。

今天我们说到"审"，都会想到一些非常严肃的词汇。比如审问、审讯，法庭上的一审、二审等等，"审"通俗来讲是一种详细周密的考察，通过审问寻求真相，最终审判给出答案。"审"在法律意义上的应用，让这样一个汉字多了些许神秘感，我们理解它本义的时候也多了审视的严谨，其实"审"的出现来源于我们生产生活，距离我们并不遥远，它同样是人们必须认真对待的。

"审"是个会意字，金文的"审"字像鸟兽"趾爪"分开的样子。辨别鸟兽的足迹是原始人类狩猎的必备本领，更是原始人类在长期狩猎生活中获得的生存经验。他们对鸟兽的足迹必须准确地做出判断，那些可以顺着足迹追击。哪些必须马上分辨追击，哪些可以紧追，哪些不可以？它关系到狩猎者吉凶祸福，也是非常重要的。由"审"字的结构我们可以进一步了解它的字义。"审"字上面是一个宝盖头，象征一栋房屋，就是室内的意思。由此可见，古人造"审"字首先限定了它的范围，在限定的范围内才可以做深入地理解。"审"字的宝盖头下面原来是一个"釆（biàn）"字，"釆"和鸟兽的爪子和脚趾非常相像，因此有狩猎时的分辨，在这样的字形结构中，我们可以判断"审"最初的意义就是辨别、分别。在《荀子·非相》中记载，"审，谓详观其道也。"就是指"审"的本义，详尽地考察和辨别。

清代小说家刘鹗的《老残游记》中写道："鼻能审气息，舌能别滋味。"这其中的"审"和"别"就都包含有辨别的意思。《吕氏春秋·察今》中有："故审堂下之阴，而

金文

小篆

隶书

知日月之行，阴阳之变。"这里的堂下之阴，阴指日影。所谓审堂下之阴，就是观察分辨厅堂里的日影。由于作为考察讲的"审"，目的在于探寻事物真相，所以"审"就有了真实、确实的意思，古人说："为人臣不忠当死，言不审亦当死。"这里的"审"就是指合乎实情。在《礼记》中有这样一段话值得寻味遵循，《礼记》说："博学之，审问之，慎思之，明辨之，笃行之。"这是对人们治学求进的一种劝慰，这里的"审"依旧是详加考察的意思。

"审"在今天我们的日常生活应用得更为频繁，可谓有增无减。在日常生活秩序下，"审"演变成一种考察制度，当这种严谨的"审"落实到衣食住行上的时候，我们会感到一种质量的保障，因为食品的安全需要审，房屋的质量需要审，经营者的服务行为也需要合理公正的审查。然而当审过多地干预到人的基本权利的时候，"审"又会变成一种束缚自由的工具，说什么样的话要经过审，发表什么样的文章要经过审，持有何种信仰需要审，"审"进入我们的私人空间无限扩大化又会造成一种社会紧张。所以，古人观察鸟兽足迹而知进退，今人以"审"为准绳更要审时度势，处处皆"审"的环境是让人窒息，事事都不审的行为让人放纵，该不该审，本身就是一种需要衡量的"审时度势"。

说文解字，今天就到这儿，我们下期再见！

中国字，天下事，欢迎来到说文解字，我是庄婧。说文解字，今天我们来解一个"生"字。

"生"字从甲骨文、金文、小篆一路演化到今天，可谓是"生生不息"。不但词性变化多种，语义拓展更是范围广阔。既可以指草木生长，又可以代指我们的生命，还可以说，是我们平凡的生活。此外，更可以指人——读书人。《史记·屈原贾生列传》中，"贾生"就是指贾谊，之所以这样称呼就是因为"生"可以作为读书人的通称。对于这样一个"生发"出多重义项的汉字，它最初的形态似乎最能表明造字的时候先人的意图。

"生"的甲骨文是这样写的，字下面的一横表示地面，一横之上的"丫"指小草。意思是地上刚刚长出一株小草。中间是小草的茎，茎两边是小枝叶。看上去就像小草新芽破土而出，生机盎然的样子。这是个典型的象形字，本义就是"草木生长"。"生"的金文和甲骨文稍有不同，它的下部变成一个"土"字，上部是"屮（chè）"，指草木的幼芽，所以便成了会意字，意思是草木的幼芽破土而出。在东汉许慎的《说文解字》里说："生，进也。象草木生出土上。"许慎所说的"进"就是生长、长出的意思。"生"由草木生长延伸出"生育、出生"的意思，又由此自然而然的代指"生命"了。比如在《荀子·王制》中有："水火有气而无生，草木有生而无知。"

既然"生"可以指"生命"，那它就包含了生命进行的一种状态，就是"活着"。"活着"虽然人人都会，但活的方式和过程可是千差万别。《论语》中，子贡评价孔子："其生也荣，其死也哀，如之何其可及也？"意思是孔子活

甲骨文

金文

小篆

楷书

着受人尊敬，死了使人哀痛，我怎么能够赶得上呢？《孟子》中有这样一句名言："生于忧患，死于安乐。"是说忧患使人奋进，因而得生；安乐使人怠惰下来，因而致死。这里的生就是"活着"，与死亡相对。

《孟子》中还有一段话讲得非常好："生亦我所欲也，义亦我所欲也，二者不可得兼，舍生而取义者也。"意思是说，生命是我想要的，正义也是我想要的，二者不能同时都得到，就选择正义而舍弃生命。孟子说这句话的时间，距今至少有两千多年了，在历史的长河中，我们会发现以此为座右铭舍身而取义的人，每个时代都有。在并不久远的昨天，我们依稀还能听到那些有共同志向的人在红色旗帜前盟下的誓言，我们依稀还能看到他们为了他们心中的理想国，而抛头颅洒热血的坚定和坚韧。时过境迁，"生灵涂炭"、"生死存亡"似乎已经远去，当一群新的年轻人举起右手，念起那一段曾经铿锵有力的句子时，他们是否了解那每一个词汇真正的含义和他们在此之后将负起的责任。

生于忧患，死于安乐。

说文解字，今天就到这儿，我们下期再见！

中国字，天下事，欢迎来到说文解字，我是庄婧。说文解字，今天我们来解一个"束"字。

"束"字并不复杂，从甲骨文到现代汉语，它的本意"捆绑"依然被我们频频使用。只是由于捆绑的对象不同，才有了不同的解释。对于"物、人、精神"，都可以"束"，有时是捻成一股绳的齐心协力，有时是对一种言论的约束和规避。从"束"的角度我们能梳理出中国社会的言论史，从"束"的程度我们能看出中国社会各阶段的文明程度。不过回归到"束"的最初对象，那是从捆木头开始的。

"束"是个会意字。甲骨文里，"束"字外部的圈是绳索一类的东西，中间是一根木头，是用绳索捆绑木材的意思。在金文里，字形有所变化，把多圈变为圆圈，还是指捆绑木材。小篆则是绳索在内，而"木"在外，不过"木"只剩下了一个。楷书是在"木"字的中间加一个"口"字，意义没有变化，还是"束木"。所以东汉许慎的《说文解字》里讲："束，缚也。"由此引申出一般意义上的"管束和束缚"。比如"束手无策"、"束手待毙"、"束手就擒"。

为了拿取方便，很多东西常常捆在一起使用。所以"束"也作量词。

在古代，束有很多固定的搭配。比如"束脩（修）"，脩是肉干，十条肉干为一束。"束脩"就是十条干肉。古代诸侯大夫送礼往往也来得实在，少了很多附庸风雅，干肉常常是首选。而十条干肉的"束脩"不算小数目，算是不错的礼物，孔夫子也是愿意收"束脩"的。后来"束脩"多指送给教师的酬金，久而久之成为教师报酬的一种代称，虽然在今天我们很少见到学生给老师送这种"束脩"

甲骨文

金文

小篆

楷书

了,不过这样一个词依然被保留下来。

"束发"一词我们在古文中也常看到,古代男孩儿成童时要将头发扎成一个发髻,叫"束发",后来也用"束发"代指儿童,但成童的说法却不一致,有说是八九岁,也有说是十五岁的。

成语"束之高阁"的"束"字也是捆绑的意思。说是在东晋的时候,有两个才学出众、名气很大的年轻人。一个是京兆的杜乂,一个是陈郡的殷浩。他们都喜欢清谈,善于辩论,但是都隐居不出。当时有一位将军叫做庾(yǔ)翼,后来因为屡立战功,被封为都亭侯。有人在庾翼面前称赞杜乂和殷浩,说应该请他们出来做官。庾翼听了,很不以为然,说"此辈宜束之高阁,俟天下太平,然后议其任耳。"意思就是这两个人应该先把他们弃置一边,等天下太平了,再考虑怎么用他们。后来"束之高阁"这一成语就用来比喻扔在一边不去管它,不去用它。

虽然在今天人们很难去判断杜乂、殷浩是否真的是有才学的人,但是从"束之高阁"这个典故里,我们却可以发现在中国古代士大夫当中一种常见的现象——名士隐居不出,这甚至成为一种传统。非有三顾不能出山,没有礼贤下士不能入世为臣,虽然这里也不乏寻求"终南捷径"的讨巧之徒、沽名钓誉之辈,但是作为中国的士阶层确实是有着天生"爱惜羽毛"的传统。有时那来源于一种对名誉的过分看重。

如果说"束之高阁"来源于外力,那是一种无奈。如果说它来源于一种知识阶层的道德洁癖,那就是一种可惜——社会层面的可惜和不幸。有为者不作为,变相地会导致无为者胡作非为。挣脱一种看似高尚的思想束缚,增加一点出淤泥而不染的精神超脱,有为者勇于为之,社会之幸事,人民之福祉。

说文解字,今天就到这儿,我们下期再见!

中国字，天下事，欢迎来到说文解字，我是庄婧。说文解字，今天我们来解一个"司"字。

在现代汉语中，"司"既可以作动词也可以作名词，像"司法、司机、司令"都是这个字，不过同一个词古今含义的差别还是很大的，今天的司令是指挥部队的最高长官，元代的司令却是指掌管盐场的小官儿。一个领千军万马，一个主管的七品制盐官。古今差异如此之大，为了更好地了解"司"字，我们首先来看它最原始的字形。

甲骨文中，"司"和"后"本为一个字，"口"和"手"的正反没有差别，这也反映了古文字构件左右部位不定的特点。就是说甲骨文和早期金文的"司"、"后"为同一生活来源的同一构形。商代的后母戊鼎也可以称为司母戊鼎，金文中的司马也常写作后马。金文的后期和小篆，"司"和"后"不仅在字形上有了构形定位，字义也有了分化。"后"开始贵为"王后"的"后"了。而"司"则指"发布命令"，后来逐渐延伸为"主管"、"主持"。古代有很多官职名称都是以司开头，专门管国家土地和人民教育的叫"司徒"，专门掌管行军打仗的叫"司马"，专门分管刑事诉讼及民事纠纷的官叫"司寇"。像司空、司马这些官职的名称一直延续到隋唐甚至明清时期，比如唐代的白居易曾经做过江州司马，所以人们常用司马来称呼他。

今天还有以"司"开头的复姓，比如司马、司徒等等。实际上这都是由官名演变而来的。曾做过相应官职的人，因为政绩优异是有功之臣，天子就将这些官号赐予他们作为姓氏了。据《通志》记载，我们熟悉的《史记》作者司马迁的祖先就不姓司马而姓程，因为做过周宣王的司马，周

甲骨文

金文

小篆

隶书

宣王就把这官号赐给程家作为姓氏，于是程家后代就改姓司马了。

成语"司空见惯"出自唐代孟棨（qǐ）的《本事诗》，书中说唐朝诗人李绅做司空的时候，刘禹锡做州刺史，李绅邀请刘禹锡来家中饮酒。席间李绅让一个美貌的歌妓唱歌供欣赏，歌妓歌声优美，被打动的刘禹锡即兴作诗赞美道："司空见惯浑闲事，断尽江南刺史肠。"意思是说这么好听的歌曲，你李司空平时听得多了也就习以为常了，而对于我来说却是深受感染，有一种叫人肝肠寸断的感觉。后来人们就用"司空见惯"比喻习以为常，毫不奇怪。

在今天我们在现代汉语里用到"司"，很多是在司法领域，司法的公正与独立作为一种观念常见于媒体，人们对司法的重视程度越来越高。其实在司法领域，往往需要我们坚守的正是那些司空见惯的准则，虽然他们明晃晃的挂在高堂之上，但是却不见得就是运行中的铁律，司法的公正往往就赖于对司空见惯的真理、准则的坚持和落实。"司"字有"口"和"手"构成，或许冥冥中它告诉我们，不仅要说更要坚持去做。

说文解字，今天就到这儿，我们下期再见！

　　中国字，天下事，欢迎来到说文解字，我是庄婧。说文解字，今天我们来解一个"思"字。

　　"思"是人生活中的常态，很难说谁从来不思考，只是思考的对象不同罢了。有人遇事深思熟虑，有人前思后想难下决断。面对同样的景象有人思绪万千、思如泉涌，有人则无动于衷，"思"是因人而异的。不过"思"从何来？古今的认识确是有差异的，这一点在汉字"思"上展现出来。

　　今天的人站在现代科学的基础上，懂得"思"是由大脑产生的思维活动。古人却不这么看，在古时候，人们普遍觉得"思考"是和心有关的，所以思想的波动、情绪的变化可以称之为心潮澎湃、激动人心，汉语中更有"心思"这一单独构词。在"思"的小篆字形中，我们看到它由上下两部分构成，是个会意字。上面是一个"囟"字，下面是一个"心"字底，"囟"是指婴儿头顶骨未合缝的地方代指头脑，再加上下面表意的"心"。由于婴儿的囟门会随着心脏的跳动而跳动，所以呢，古人认为，大脑和心脏都是人的思维器官。大脑是思考器官，而心则是感知器官，二者结合便是"思"。《尚书·洪范》解释说，"思曰容，言心之所虑，无不包也。"所以《孟子·告子》说："心之官则思。"东汉许慎的《说文解字》说"思，容也。"

　　"思"的本意，就是思考、想、考虑。在《论语·为政》有"学而不思则罔，思而不学则殆"的句子。在这里，孔老夫子就对思考与学习的关系就给出了明确的阐释。学习而不思考则会使人迷惘；思考而不学习则会使人懈怠。"思"字由思考之义又引申出了想念。如《诗经》中就有"子不我思，岂无他人"。《史记·魏世家》同样记有：

甲骨文

小篆

楷书

"家贫则思良妻，国乱则思良相。"晋代陶渊明《归园田居》里有写，"羁鸟恋旧林，池鱼思故渊。"这三处的"思"都是思念、思慕的意思。而三国曹植《幽思赋》中，"仰清风以叹息，寄余思于悲弦。"里面的"思"则是专指带有情绪的悲伤哀愁。面对不同的景象人们思考的方向不同、思考的内容不同。面对同样的处境，人们的思考也是不同的，而古人判断是非，评价一个人的道德品行，是和这个人的所"思"所想息息相关的。

　　孔子的弟子子张说，"士见危致命，见得思义，祭思敬，丧思哀，其可已矣。"意思是一个真正的士，面对危难不抛弃节义，面对钱财不贪图苟得，面对丧祭能够恭敬哀悼，就是很好的了。子张所说的是古代儒家社会普遍确立的君子立身之道，不避危难，不为苟得，是义的表现，丧祭的哀悼是悲悯的表现。虽然在当代社会"士"这样的概念已经渐行渐远，但义与悲悯这两种朴素的情操依然应该是我们思想行动中，追寻并坚守的部分。

　　说文解字，今天就到这儿，我们下期再见！

中国字，天下事，欢迎来到说文解字，我是庄婧。说文解字，今天我们来解一个"随"字。

"好雨知时节，当春乃发生。随风潜入夜，润物细无声。"这是唐代大诗人杜甫的一首小诗《春夜喜雨》，其中就有这样一个"随"字。小雨跟随着春风在夜里淅淅沥沥地下了起来，这里的"随"字其实就是随的本义，也是我们最常用的意义。"随"这个字语义并不复杂，但字形结构却比较繁复，我们先来看一下小篆中的写法。

"随"是一个形声字。左边的部分在古代是"走"的意思，右边的部分表音。后来在演化的过程中，左边表示意义的部分变成了走之，就是在路上行走。《说文解字》里说"随，从也。"意思就是"随"就是跟着别人走，跟从。西晋时期的陈寿在《三国志·蜀书·诸葛亮传》里有，"遭汉末扰乱，随叔父玄避难荆州。躬耕于野，不求闻达。"意思是说，在东汉末年的时候，天下大乱，诸葛亮跟随他的叔叔诸葛玄一起来到荆州避难，他在荆州以种地为生，不想追求功成名就。其中的"随"就是"跟随"的意思。晋代陶渊明在《桃花源记》中写，"太守即遣人随其往，寻向所志，遂迷，不复得路。"这里面的"随"也作"跟随"讲。

中国历史上隋朝的"隋"原本就是跟随的"随"，后来将"随"改成了我们今天看到的样子。为什么要这么修改呢？这是隋文帝杨坚的主意。公元581年，杨坚逼迫北周静帝让位，自立为皇帝。杨坚的父亲杨忠，在宇文泰初置府兵的时候，是十二将军之一，被封为随国公，杨坚继承了这一爵位。等他当了皇帝准备定国号的时候，因为他亲眼看到魏、周、齐始终动荡不安，害怕自己也会有同样的遭遇，所

小篆

隶书

以他十分忌讳"随"字中的"走",因为走之有"走"的意思,他觉得非常不吉利。他当皇帝后,就将"随"的走之去掉,变成了我们今天看到的隋朝的"隋",杨坚借此表明自己的江山是不会走掉的。

"随"在现代汉语中主要应用的义项就是"跟随"并由此引发出"顺从"、"追随"、"放任"的意思。"随"作为一个汉字本没有褒贬的色彩,但是由于它的语义却多体现出消极的倾向。比如韩愈说的"业精于勤而荒于嬉,行成于思而毁于随。"里面的"随"就是指放任,再比如我们口语中常说的"随风倒"、"随大流"、"随波逐流"、"随声附和"都表达着一种没有主见,没有原则的消极怠惰。显然"随"成了一种无原则、混日子的态度。然而"随"又不是这么简单的,成语"随遇而安"原本也是说一个人能够适应各种环境,都会感到满足,本身也是毫无积极性的。然而从另一个角度看,随遇而安又是一种潇洒和自由的表现,反其道而行反倒有了不受外在世界束缚,而能够随心而动的"无为的风骨"。汉字的构词造句就是这样充满了语义色彩的转换,不是随随便便就可以下定论,随意理解的,需要我们随时思考,随时随想。

说文解字,今天就到这儿,我们下期再见!

谈

中国字，天下事，欢迎来到说文解字，我是庄婧。说文解字，今天我们来解一个"谈"字。

"谈"这个字我们非常熟悉，谈天说地、闲谈、谈笑风生、戏谈，这些都是与"谈"有关的词组。"谈"因谈论的内容和谈论的形式而区分出细致的差别，不过最初古人造字的时候，却并没有这么复杂。那不是高谈阔论、也不是侃侃而谈，而就是平平淡淡的几句话。

"谈"字出现的很早，在甲骨文中是这样写的。左右两部分，是一个形声字，金文里将字的左右两部分调换，后来的小篆和隶书承继金文而来，字形变化不是很大。言字旁表示意义，"谈"自然是和语言有关的，另外一边的"炎"字表示"谈"的读音。《说文解字》中写到："谈,语也。从言,炎声。"清代学者段玉裁解释说，"谈者，淡也，平淡之语。"意思是说，"谈"是平淡的话语，所以古人造字的时候，"谈"的特征很明确，区别于严肃认真的"论"，它只是平淡的话语，或者说随便地聊一聊。因此在古代的字典中，对"谈"的解释往往是"戏调也"、"纵言也"，都是随意言谈的意思。

但是随着语义的演化，"谈"逐渐地不再单单指随意的交谈。而是和"论"并列而成"谈论"。它既可以是轻松地聊天，也可以是严肃话题的探讨。此外，在中国历史上还有著名的"清谈"传统，其鼎盛时期正值魏晋。在这一时期政局动荡不安，现实生活多让人失望。所以在文人士大夫当中，逐渐形成了一种"形而上"的交谈风气。这种谈话的内容多是"玄理"，所以清谈也称为"玄谈"，主要针对本和末、有和无、动和静、一和多、体和用、言和意、自然和名教的诸多具有哲学意义的命题进行深入地讨论。司马昭在评价"竹林七贤"之一的阮（ruǎn）籍

甲骨文

金文

小篆

隶书

时说，"每与之言，言皆玄远，未尝臧（zāng）否(pǐ)人物。"意思是说，阮籍这个人说话是相当谨慎的，往往玄妙高远，从来不批评和表扬人物，这样自然很难抓到他的把柄，也就难以栽赃陷害了。这些整天以"清谈"度日的人被称为"谈客"或者"谈士"。由于社会的风气使然，所以当时评价一个人是否有学识，是否具有才能，最重要的指标之一就是他清谈的能力。"清谈"在魏晋时期是一种高雅的风尚。当然也有一些人批评这一风尚，认为这样的玄理对日常事务无用、于事无补。

"清谈"可谓是中国历史上最有影响力，最富个性色彩的"谈"了。站在今天的视角，其实"谈"作为一种话语形式，"清谈"也好，具有实际用途的探讨磋商也罢，都不失为一种有益处的"谈"。前者表面看有消极的成分，但是内里对人心的探索，"形而上"的挖掘其实不单单满足了当时人们的内心需要，更丰富了一个民族的精神资源，而那种指向现实的探讨，于解决实际问题有益的言论，在"清谈"的时代也不会被人排斥，更成为一种必需品。

最为令人担心的既不是"清谈"，也不是务实的言论，而是的言路不通，因言获罪的危险弥漫。人们避免谈论指向现实的话题，同样没兴趣做精神性的探讨，做人性价值的衡量，做形而上的思索。所谓既不沉重，也不玄妙。

到最后，通通地指向一个目标——物质——看上去更为实际的"谈"。当一个社会的公众话语、主流风尚已经演化为单一的谈车论房、谈股论价，那么或许我们就会更为深刻地感受到，言路闭塞的痛苦和精神干涸的无奈。

说文解字，今天就到这儿，我们下期再见！

中国字，天下事，欢迎来到说文解字，我是庄婧。说文解字，今天我们来解一个"剃"字。

"剃"字是字义较为简单的汉字，最常用的词汇就是剃头——用刀除去头发。佛教用语里有"剃度"，是指给要出家的人剃发。在清王朝统治时期，颁布有"剃发令"。顺治二年清兵攻下南京后，限十天内，汉族男子全部要剃掉头发，留起满族男子的发辫，史称"剃发令"。不过无论是自愿剃头还是被强迫梳辫子，其中"剃"字的意义和词性都没有改变，还是指刮去毛发这一单一指向。不过，之所以我们要关注这个"剃"，那是因为在这头发的剃与不剃之间，何时剃何时不剃的尺度里，藏着有趣的文化知识，也透露着民族性格、感情的复杂变迁。

"剃"字是个"后起字"，在《玉篇》中有关"剃"的记载，"剃，鬀也。除发也。"意思就是用剃刀刮去头发。《说文解字》里记载："大人曰髡，小儿曰鬀，尽及身毛曰鬎。"表明了同样是刮去毛发，但叫法不同，给成年人剃发叫髡，给小孩剃发叫鬀，连全身的毛发剃完也称为鬎，但和小孩的鬀，字形有所差别。由于古人认为"身体发肤，受之父母，不得毁伤"，所以无论男女一般都是留长发的。留长发就要洗发，古人将洗发称之为"沐"，相传周公"一沐三握发"，虽然是形容其勤政，但也说明了洗头发时间很长。古代洗发是要放假的，称之为"休沐"，在唐代每十天一"休沐"，叫做"旬沐"，是个较固定的假日，相当于现在的星期天。

古代成年人一般不剃发，但小孩子还是要剃发的，小孩子不剃发会影响健康。战国法家的代表人物韩非子在

小篆

隶书

他的著作中写道，"婴儿不剃发就会肚子痛。"但是，说给婴儿剃发也并非是要把全部头发都剃光，而是要留下脑门的部分。现代北方农村还有这样的习惯。头发从额头上垂下来，古人称之为"垂髫"，后来发展到用垂髫代指儿童。在陶渊明的《桃花源记》中就有"黄发垂髫，并怡然自乐"的话，"黄发"指高寿老人，"垂髫"就是指天真烂漫的儿童。可见古人常用头发来代指人。

史称《剃发令》

由于受儒家文化的影响，汉民族留长发的历史源远流长。但时至明朝灭亡，清军入关，这一传统遭到了沉重打击。清兵入关两年里，连续颁布剃发令，强令汉族男子剃发留辫子，模仿满族男子打扮，这一做法遭到强烈抵制并引起了清统治者的血腥镇压，一度号称"留发不留头，留头不留发"，如若不梳辫子立即斩首示众。汉民族的蓄发传统就这样被粗暴地打断了，在清朝二百余年的统治过程中几乎绝迹。到了太平天国时期，起义者倡导剪去辫子恢复蓄发传统，官方蔑视为"发匪"，而民间普通百姓竟也称之为"长毛"，到辛亥革命时，政府下令剪辫子，很多人甚至痛哭流涕，可谓是数典忘祖了。发在头上，剃与不剃本不是什么要紧的大事，但是在历史的波诡云谲之中，在民族文化的象征意义里，却成了一种至关重要的符号，或是蓄发为荣，或是长毛作怪，剃刀上下翻飞倒是理出了一条民族文化的脉络。

说文解字，今天就到这儿，我们下期再见！

中国字,天下事,欢迎来到说文解字,我是庄婧。说文解字,今天我们来解一个"闻"字。

"闻"我们并不陌生,我们天天都在看新闻,听新闻。新闻媒体就像人的千里眼顺风耳一样,把你想知道的和不想知道的都一概地提交到你的面前。媒体竞争的时代,新闻在爆炸,分门别类的新闻层出不穷。

当然这"新闻"的"闻"并非"闻"的本意,"闻"是个典型的形声字,声旁是"门",形旁是"耳"。本来的意思是听到。有成语"闻一知十"说的就是听到事情的一方面,就可以推断出事情的全部。这是孔子评价他的学生颜回的话,《论语·公冶长》里,孔子夸赞颜回:"回也闻一以知十。"这是说颜回聪明,领悟能力强。

其实在应用中,我们会发现这"闻"和"听"还是有所区别的,"听"只是行为的本身,不包含结果。而"闻"则不仅是听,还表示"听见了"。两者的差别有些像"见和视"。"视"只是看,而"见"则是看到了,所以在《礼记·大学》里面才会有"心不在焉,视而不见,听而不闻"的说法。

"闻"也可以作名词表示消息,"新闻"的"闻"取的就是这个意思。由于"闻"的本意是"听到"所以又引申为出名、有名。诸葛亮在《前出师表》里有:"苟全性命于乱世,不求闻达于诸侯。"其中的"闻"就是指出名,"达"则是显达、做高官。闻人,就是指有名望的人物。

提到"闻"字应用上的"闻人"要数晋代的祖逖,因为他就是"闻鸡起舞"这一成语典故的主人公。据说祖逖是个胸怀坦荡、具有远大抱负的人。祖逖和幼时的好友刘琨一起入朝为官。因为两个人关系好,常同床而卧,一次,天还

甲骨文

金文

小篆

楷书

苟全性命于乱世
不求闻达于诸侯
——《前出师表》

诸葛亮

没有亮，祖逖在睡梦中听到公鸡的鸣叫声，他一脚把刘琨踢醒，对他说："别人都认为半夜听见鸡叫不吉利，我偏不这样想，咱们干脆以后听见鸡叫就起床练剑如何？"刘琨欣然同意。于是他们两个每天鸡叫后就起床练剑，日积月累终于成为能文能武的全才。而"闻鸡起舞"这个成语后来就比喻有志报国的人及时奋起。

除了晋代的祖逖，在和"闻"有关的成语里，还有两个鼎鼎大名的闻人，那就是刘备和曹操。而这个成语典故就是"闻雷失箸（zhù）"。箸，就是筷子。这一成语出自《三国志》，刘备被吕布赶出徐州后投奔曹操，为了韬光养晦，他整日种菜装作胸无大志的样子。一天曹操请刘备喝酒，所谓"青梅煮酒论英雄"，当曹操说天下称得上英雄的只有他和刘备二人的时候，刘备担心曹操会加害自己，故意趁打雷假装惊慌的丢掉筷子，以表示自己胆小办不成大事。后来就用"闻雷失箸"比喻假借其他事情来掩饰自己的真情实感。

到今天，"闻鸡起舞"和"闻雷失箸"这两个成语还在应用。这两个成语中的"闻"都是"听"的意思。而"闻"作为"消息"解，最初也是依靠"听和说"口耳相传。不过到了今天，"闻"则是处在现代媒体的高速传播中了。这些从事新闻传播的人今天又被称为"新闻人"，虽然"新闻人"也只是社会链条上的普通一员，但因为媒体的特性，所以"新闻人"的社会责任和良知尤为重要。在现代社会里，身处公共领域的优秀新闻人，往往同时也是一名公共知识分子。

在今天中国内地的媒体生态里，应该说知识分子型的新闻人正处在萌芽的状态当中，毕竟作为新闻人日复一日只见"闻雷失箸"不见"闻鸡起舞"是不行的。"闻"往往代表着一种见解和主张，只听不闻——只听口径，没有独立的思想主张是不行的，一个媒体思想失语无言的时代是不可能做到真正的"思想解放"的。

说文解字，今天就到这儿，我们下期再见！

中国字，天下事，欢迎来到说文解字，我是庄婧。说文解字，今天我们来解一个"写"字。

"写"人人都会，不见得每个人都可以著书立说，但是起码写写日记是很多人的习惯。写的内容不同写的功用也不同，气势恢宏着眼于社会人心可以成为历史的见证，扪心自问追求向往、忏悔救赎也可以是自我心灵的写照。"写"在现代汉语字典中的解释是"用笔作字"，但是科技的发展又使得"写"的工具发生了改变，可能更多人已经是"键盘作字"。但是无论如何，这"写"还是一种表达的方式。然而或许有人会问，古代也是这样吗？古人造"写"字的时候，是要用作提笔写字吗？这可要画上一个问号了。

我们来看"写"字的古字体，小篆的"写"字笔画较多，隶书依然如此。他的本义不是"写作"，而是指把东西移动放置在房屋下。《说文解字》说："写，置物也。"意思是"写"是指移动放置物体。《广韵》解释为"写，除也。"是说把某种不好的东西除去，消除掉，这已经是引申义了。在中国最早的诗歌总集《诗经》里有"驾言出游，以写我忧"的语句，是说驾着车马和小船出去游玩，这样来排解我心中的郁闷。此处"写"即为引申义"除去、排除"。"写"作为"以笔作字"这种意思出现，是在有了笔、纸之后的事情，先人在龟骨兽甲上刻字是不称为"写"的。不过，由于今人写字作画也是一种排解情绪的表现，所以"写"字自然就有了"排解、宣泄、表达"的意味。

不仅著书立说写字称为"写"，绘画也称"写"。比如写生、写意。"写意"是中国画的一种画法，和"工笔"相对，主要是通过简练的笔墨，着意于表现神态，抒

小篆

隶书

发作者的意趣。"写"由作画又引申为描摹,在司马迁的《史记》中有"秦每破诸侯,写放其宫室,作之咸阳北阪上"的句子,意思是说秦始皇每攻下一个诸侯国,都要模仿诸侯宫室的样子,在咸阳北阪重建一座。这个"写"就作"仿效"讲。

从"放置、排除"到"仿效、临摹"再演进到"宣泄、排解"、"以笔作字","写"在我们的日常生活中都占据了相当大的比重,或为了记录,或为了缓释心灵的负担,很多人甚至离不开这种表述自我的方式。于工作事务中的"写",往往要求我们严谨规范,于生活中的日记随笔,珍贵在于"发自于内心,坦诚相对,真心写照。"一个人如果在自己的日记中弄虚作假,那这份记录就失去了它存在的意义,也是对自我心灵的亵渎。"写"本义为"放置",而"放置"则是一种留存,或是假以时日自己翻起反躬自省,或是留与后人做个比照,白纸黑字,一支笔纵横其间心灵宣泄、著书立说、记录判断,总需给自己一个交代。

大时代中多是小人物,可小人物之笔,却往往写出真实的大历史。

说文解字,今天就到这儿,我们下期再见!

中国字，天下事，欢迎来到说文解字，我是庄婧。说文解字，今天我们来解一个"兴"字。

"兴旺、兴盛、振兴、复兴"，在电视、广播、报纸、网络，在今天中国的大大小小的新闻媒体上，"兴"都是一个主流词汇。它代表着一种朝气，一种魄力，一幅愿景，被官方的、民间的，几乎所有的话语平台所评说。黑头发黄皮肤的中国人在屈辱的近代史里卑躬屈膝，今天要向世界作一个证明，要个人的生活，民族的文化，国家的实力风生水起。"兴"最早的意思就是"起"。

《说文解字》说："兴，起也。"从甲骨文来看，它是个结构较复杂的字，四角是四只手，好像抬着一个"井"一样的器物。所以"兴"是"起"，是共同"抬"、"举"的意思。《周礼·夏官》里说，"进贤兴功"就是说进贤能，举功臣。

由"起"的意思延伸，"兴"又做"兴盛"讲，《旧唐书·魏徵传》记载，唐太宗一次临朝时对身边的臣子说，"以铜为镜，可以正衣冠；以古为镜，可以知兴替；以人为镜，可以明得失。"这里的兴替，就是指兴盛和衰落。

此外，"兴"也作"兴办"讲。北宋王安石《答司马谏议书》中有"举先王之政，以兴利除弊，不为生事"。这里的兴利除弊，就是指兴办有利的一面，除去弊端。

"兴"还可作"动用"解，《史记》中说，"汉兴大兵伐匈奴"就是汉朝动用大量的军队去攻打匈奴的意思。

"兴"是个多音字，做"兴趣"、"兴致"、"高兴"的时候就读为去声。宋代女词人李清照《如梦令》"兴尽晚归舟"。"兴"就当兴致讲。而谈到兴致的潇洒，有一

甲骨文

小篆

楷书

中国字·天下事
——新编 说文解字

兴尽晚归舟
——《如梦令》
李清照

个王徽之雪夜访戴"乘兴而来,尽兴而归"的典故非常有趣。王徽之是东晋著名书法家王羲之的第三个儿子,也是著名的书法家。一天,他一觉醒来,推窗远望,看见漫天大雪,兴致很浓,于是想去拜访自己的好友戴逵。此时他距离好友戴逵的住处有一天的路程,可是王徽之生性狂放潇洒,哪管得了路途远近,即刻就出门了。一路上纵酒吟诗,在翩翩小舟里唱和自如,欣赏着江上雪景。等到到了戴逵家已经是深夜,他站在好友的门前却没有敲门而是掉头回家了。之后有人问起,王徽之说,我去拜访戴逵,是"乘兴而来,尽兴而归",兴致到了就可以了,为什么一定要见到呢!虽然是寥寥的几句话,但是其放荡不羁、狂放潇洒的性格却是展现无遗,后来"雪夜访戴"也成了文人墨客笔下常常被引用到的典故。

由"起、抬、举"到"建立、兴办"再到"兴趣、兴致","兴"这个字在今天无论词义还是词性都是十分丰富的。"兴"是"雪夜访戴"更是"兴国安邦"。在千百年的典章古籍里,细细查询,一个"兴"字使多少士大夫皓首穷经,鞠躬尽瘁。一个"兴"字,贯穿多少朝代更迭,记录乱世图景、中兴佳话。宋范仲淹写风雨如晦之后,"百废俱兴";清张廷玉修《明史》说"锐意兴革";1894年共和之父孙中山在檀香山为振兴中华创立"兴中会";2008年的春夏之交,大难之中,川蜀之国的一块黑板上写有饱含深情的"多难兴邦"。兴,中国人确实懂得太多,付出的太多,"兴"的努力从未停止过。国家兴亡,匹夫有责。兴,非一人之事,一人所能;兴,须全民奋起,而这种奋起不会是万千民众的不断革命,有时它反倒是一种隐忍,一种忍辱负重,是一代农民食不果腹的隐忍,是一代工人仓皇徘徊的沉重。兴,一个字了得。

说文解字,今天就到这儿,我们下期再见!

　　中国字，天下事，欢迎来到说文解字，我是庄婧。说文解字，今天我们来解一个"言"字。

　　"言"字我们再熟悉不过了。为人做事、讲信用讲究"言必信，行必果。"说得头头是道，能自圆其说，那是"言之成理"。中国知识分子的一个基本理想是"立言不朽"。这里刚说到的言既是"说"也是"言论"，透着一股书卷气。可是您或许不知道，这"言"最初和书本倒没什么关系，"言"是一种乐器。

　　"言"是个会意字。甲骨文里是这样写的，上部是箫管之类乐器的吹嘴儿，下部表示用嘴吹。金文和小篆变化都不大，由此可见"言"的本义还不是说话而是乐器"大箫"，后来本义消失，才当了"说"讲。比如成语"知无不言，言无不尽"中的"言"就是说的意思。由"说"又可以引申为"议论"、"言论"。言语和写字的关系很近，所以"言"又可当"字数"讲，如五个字或者七个字一句的诗叫"五言诗"或"七言诗"。

　　"言"做动词讲，可以做"说话"解。在中国民间风俗中，腊月二十三过小年，传说这一天家里的灶王爷要回天上去，向玉皇大帝汇报这一年来这家人行事的善恶好坏，所以人们往往就在灶台上贴上一副对联，写道"上天言好事，下界保平安。"希望上天的灶王能多为自己和家里人说几句好话，以便来年得到上天的保佑。

　　"言"作名词用，相当于"说的"，指说的内容。对于当名词用的"言"解释非常多，可以表示言辞、辞令、文章、政令、建议、计策、学说等等意思。"听其言，观其行"中的"言"就是"言论"的意思。

甲骨文

金文

小篆

言

楷书

　　"言"作为"说"讲,其实本身是一个人的权利。在一个自由平等的现代社会里,我们讲要做到"言论自由"。言论自由就是按照自己的意愿自由地发表言论以及拥有听取他人陈述意见的权利。在现实的社会环境下,它通常被理解为具有充分的表述的自由。这是现代民主中一个不可或缺的概念,在这个概念下,人的思想学说被认为不应受到政府的审查。在动荡的年代里,"言论自由"既指向"说"的自由,又要有一种"不说"的自由,以保证人们具有一种沉默权,而避免被逼无奈说假话或违心的话。"言"本身是一种输出,无论输出的思想正确与否,都有听众公道的品评,而与政府或国家机构无关。一个国家和民族走向现代化的过程必将伴随着一个权利还之于民的过程,"言论权"的回归是一个政府自信而开放的标志。让"因言获罪"成为历史,"言"成为了中国文明进程的一块试金石。

　　说文解字,今天就到这儿,我们下期再见!

中国字，天下事，欢迎来到说文解字，我是庄婧。说文解字，今天我们来解一个"医"字。

"医"是一个古今语义没有太大变化的汉字。今天的汉语字典里解释"医"，是治病、治病的人、治病的科学，也就是医疗、医生以及中西医。对于第三种解释，治病的科学，曾一度在中国近现代西化的过程中引起激烈的争论，其核心指向中医是否具备科学性，其实到今天这种争论依然在继续，在不同的理论和评价系统里，争论的双方依旧难于谅解。不过，几千年来医治中华民族病痛的中医救死扶伤多有成就，这一点是不容抹杀的，我们的汉字——这一承载文化传统的文字符号，也必然是由中医而来。

"医"在甲骨文里是一支箭，盛在小匣子里，这个小匣子表现的就是医用针灸的工具。在金文里又出现了"人"形，表示以针刺为人治疗疾病的意图更加明显。到了小篆，"医"的字形发生了明显的变化，下部增添了一个"酉"，这是一个表示"酒"的符号，增加"酉"的意图就是表明酒能治病。《汉书·食货志》记载，"医源于酒，百药之长。"许多中医药在服用的时候都用酒做药引，从而提高治疗的效果。明朝的医学家李时珍在《本草纲目》中详细叙述了近八十种药酒的功效及其制作方法，而且说"酒少饮则和血行气，壮神御寒。"古代医学家曾说"无酒不成医"。古汉字"医"可以说是对这句话最好的证明。"医"字在《说文解字》里解释为："医，治病工也。"即医生。《广韵》解释是，"医，医疗也。"也就是医治。这是分别从名词和动词两种词性给出的注解。

除了有"酉"字的"医"，古汉字中"医"还有另一

甲骨文

金文

小篆

楷书

种写法是这样的"鬻"。这个"医"字下面不是酒而是巫师的"巫"。远古时代,人们认为人身体的病状、疾病都是由鬼神操纵的。上古时代,先有"巫"而后有"医",然后巫医相混。在我国现存较早的,成书于战国时期的重要医学文献《黄帝内经》有这样的话:"闻古之治病,唯其移精变气,可祝由而已。"所谓"祝由"就是用祈祷、符咒来治病求福。在《论语》中也有这样的记载,"子疾病,子路请祷。"孔子有一次生病,他的学生子路曾请求为他向天神祷告。医和巫后来才分开,到了周代,可能才出现专门的医生,然而"巫"和"医"依旧没有完全真正的脱离。

在现代社会,人们已经将"巫"作为一种愚昧的象征,人们对"巫"的界定也多是阴森恐怖的。"巫"成了"伪科学"的代名词,它不再具有通灵的神圣感,连起码的中性也被剥夺了。人机体上的疾病通过求神拜佛自然是医不好的,心理投射的作用毕竟有限。但是换一个角度讲,今日人心之疾病,没有信仰依托的痛楚,人心惶惶的不安用什么来医治呢?当然我们不能再用"巫"这个字,因为它已被挞伐而成了魔鬼,但是"精神教父"、"心灵导师"、"灵魂之医"却成了当代中国最为匮乏的"医"。

不是从未有过,也不在于中外之别,只是精神的大厦倒塌之后,并不能像物质的大厦那样再建一个一模一样的,它难以重建只能再造。治病救人,医心救国。

说文解字,今天就到这儿,我们下期再见!

·议·

中国字，天下事，欢迎来到说文解字，我是庄婧。说文解字，今天我们来解一个"议"字。

"议"这个字有它独到的特性，什么事如果说"议"，便首先证明了那不是一家独大、专断的论处，而是集合多个意见的商量，是群策群力的结果。在形式上似乎"议"暗含着一点儿民主的气息，是众议的结果。在当代主流话语中"民主"作为至高真理被推崇，所以"议"自然据有它天生的道德优越感。"参议院"、"众议院"虽然这种政治架构离国人很远，但是这样的词汇对于今天的中国人来说并不陌生。今天我们就来拆解这个"议"字，议论一下它的前世今生。

"议"字的字形并不复杂，左边是一个言字旁，右边是一个正义的"义"，在小篆中已经是这种结构。显然这是一个形声字，左半部分言字旁表义，右半部分表音。到今天的楷书，言字旁和正义的"义"都相应的进行了汉字简化，我们讲的这个形声字"议"也就随之简化成了今天常见的形态。由"议"字的形旁"言"我们可以知道"议"最初就是指言语上的讨论即"商议"。《说文解字》里注解到，"议，语也。"《广雅》说，"议，谋也。"就是商讨一件事值不值得去做。在司马迁所著的《史记》中有"赵王悉召群臣议"的记述，是说赵王将大臣们都找来商议事情。君主召见大臣、侯爵招揽门客出谋划策也是古代"议"最常见的方式。此外因为乡土中国是典型的宗族社会，所以在古代往往有什么事情需要决断，关乎生计或赏罚等等，都是先在地方由宗族的长老商议决断的，无法调节的棘手要事才会上升到官府、法律的层面，因此可以说古时候民间的"议"非常

小篆

議

隶书

議

楷书

士志于道
而耻恶衣恶食者
未足与议也

孔子

普遍。宗族长老几个人在一起商议对策权衡办法,是中国社会维持稳定保持有效管理深入每家每户的重要手段,类似于长老会的"议"事程序在其中起到了至关重要的作用。

"议"通常也是在做一种价值判断,韩愈在《柳子厚墓志铭》中写有"议论证据今古"。这里的"议"就是做是非判断的意思。此外,"议"作为名词也可以直接表示意见、看法、评价,在司马光等编著的《资治通鉴》中,"不复料其虚实,便开此议。"其中,"议"就当评价讲。此外,"议"作为商议、商讨讲,必然有它的对象,在现存文献中古人交友或者共事对于伙伴的选择记述很多,称一个人可以"共议大事",就代表二人志同道合彼此欣赏,而说某人"不足与议",则说明对眼前这个人十足地蔑视与不屑,是非常决绝的评价和判断。孔子曾经说:"士志于道,而耻恶衣恶食者,未足与议也。"意思是如果一个读书人已经立志于求道,而还因为自己穿得不好、吃得不好而感到羞耻,那么这样的人就不足以和他讨论道了。

孔子说的这样一小段话存于《论语》。未见浓墨重彩,却一语点到了古今读书人的穴位,虽然两千多年过去了,但是世俗的评价标准和心中的大道,二者之间的撕扯依然纠缠着现实生活中的每一个读书人,或者说有志于求真知、真理的知识分子。一方面以"仁"、"义"等诸多价值信条内炼修身,另一方面却依然以锦衣玉食或者说好车好房、豪车别墅作为对自己、对他人的评价参照。如果说"士志于道",那么作为"士",后一种世俗标准对人对己都不应该存乎于心,但是在现实中"耻恶衣恶食"者却比比皆是,教授面对小商贩的白眼心里会有不平,面对宝马豪宅的富户会有不公甚至少许的羞赧,孔夫子的只言片语跨越时空对今人依然是振聋发聩!

说文解字,今天就到这儿,我们下期再见!

中国字，天下事，欢迎来到说文解字，我是庄婧。说文解字，今天我们来解一个"印"字。

2008年北京奥运会的会徽是一个非常有中国特色的中国印的图案，印章早在几千年前就已在中国出现，是渊源深远的中国传统文化艺术形式，我们今天提到"印"也多半指的就是印章。那么为什么要把印章叫做"印"呢？这"印"字表达的是怎样一个含义？我们还是要从古代"印"字的写法中找到答案。

"印"是一个会意字，在甲骨文中是一幅很清晰的图画，一只有力的大手按住了一个跪着的人，表示"按压"的意思，这也就是"印"的本义。而印章之所以取名叫"印章"，就是根据其使用方法需要"按压"而得名的。

在《左传》中有记载："玺书追而予之。"这里说的"玺书"就是用印玺把竹简木牍封印上。由此可见中国最迟在春秋晚期就已经使用官印了。中国印章古时称作玺、印、宝、章，先秦以前，玺和印是没有差别的。秦始皇后，只有皇帝印才可称"玺"。官吏及一般人称"印"。印有官印和私印，作为官府书信往来和私人交往的凭证。汉代印又称"章"和"印信"。唐以后又将印称"记"或"朱记"，明清又称"关防"。印文有阳文和阴文，字体根据时代变化。先秦时代是六国古文；秦汉至魏晋南北朝是篆字；隋唐以后多隶书、楷书。古印章古朴、稚拙的风貌体现着不同时代的人们对于美的理解与追求，浸透着历史的深沉和神秘的美感。其中有一类图画入印的印章，就是肖形印。北京奥运会的会徽就属于肖形章。

据遗物和历史记载，起初印章是作为商业上交流货物

时的凭证，同时也是信誉的标记。秦始皇统一中国后，印章的使用范围扩大为表征当权者权益的法物，是当权者权力的象征。东汉许慎的《说文解字》里就讲到，"印，执政所持信也。"

东汉文学家、书法家蔡邕在《独断》里讲，"玺者，印也。印者，信也。"着重强调了"印"是一种信誉标志，所谓无信不立，印章虽然不大，但是当它被按下的一刻，它代表着印者基于自身人格尊严的承诺，代表着一份共识契约的达成。如今人们常常讲的契约精神，其实并不该是舶来的概念，中国传统的印文化，可以说就是古人"诚信"品德的载体。古今中外，一个社会的败坏，往往先是由诚信的丧失开始的。反之，一个文明社会的重建，诚信的恢复也是趋向正轨的征兆。当我们将中国传统文化中的"印"展示给外人的时候，作为后世子孙的我们扪心自问，祖先"无信不立"的古训，我们是否已经牢记在心了呢？

说文解字，今天就到这儿，我们下期再见！

· 御 ·

中国字，天下事，欢迎来到说文解字，我是庄婧。说文解字，今天我们来解一个"御"字。

"御"是个特殊的字眼，之所以这样说，是因为自秦汉以来，在很多场合"御"专指和皇帝有关的事，与平民百姓无关，也因此似乎"御"是个一出生就有着高贵血统的汉字，具有着与生俱来的高贵身份。只有皇帝的长相叫御容，皇帝写过的字和批语，叫御书、御批，是圣旨是最后的结论，具有天然的合法性。打起仗来，皇帝亲临前线叫做御驾亲征，提振士气、非同小可。所以这"御"在升斗小民看来，往往神圣不可侵犯。然而，"御"真的具有天生的"皇家气质"吗？事实并非如此，甚至恰恰相反。"御"最初身份低微，是为最底层的奴仆所造，我们通过字形来看个明白。

在甲骨文里，"御"的字形结构非常简单，一面是象征套在马脖子上的绳索，一面是一个跪着的人，放在一起表示一个身份低贱的奴仆马夫驱车驭马——也就是赶着马车。金文没有什么大的变化，只是绳索部分更为形象了。小篆的字体结构更为复杂，不过依然是借图形会意。到隶书就和今天楷书的"御"字相差无几了，可以作动词指驾车马，也可以作名词指驾车马的人。虽然有时帝王将相也会亲历亲为，但多半是奴仆奴隶干的事。在西周金文中，"御"还专指奴隶的一种。很多后代的皇帝要是知道这一点，一定非常扫兴，但这就是"御"的原貌，最初它并不神圣。

在古代，赶车是一种专门的技术，《周礼》中有明确的交代。贵族子弟到了入学年龄以后，都要学习"六艺"，"六艺"就是六种专门的技能："礼、乐、射、御、书、

甲骨文

金文

小篆

御

楷书

数"。礼就是礼仪；乐是各种乐器；射是射箭；御是赶车；书是认字写字；数是算数。

说到这里，很多人都会有这样的疑问。这种专门的技艺怎么就和皇帝扯上了关系呢？那是因为后来"御"的字义不断延伸，已经由实变虚，不再专指驾马车。在中国古代道家中，就有着"御风"、"御云"、"御气"一说，可见这御的对象已经带有几分玄虚了。渐渐地这"御"指向了民众，在统治者看来对大众的治理也是一种"御"。而这种"御"——"御众"、"御民"的最高人就是皇帝。所以由此，"御"摇身一变从"御马"的车夫而成为了"御民"的皇帝。荣登大宝，地位顿时显赫起来。凡是皇帝做的事都是"御"。皇帝看书叫御览，皇帝的花园叫御花园，皇帝的床叫御床，皇帝设宴叫御宴。久而久之，"御"开始专指皇帝，而那驾车马的差事则由专门的汉字"马"和"又"组成的"驭"来代替了。

说"御民"就像"御马"，虽然有奴役人民的嫌疑，但是假如作为治理国家的比喻，抛去情感因素倒是有几分相像的地方。"御"作为一种技术，有着自己的技巧要领，勒紧缰绳挥舞马鞭，驾车马讲究张弛有度，一味地挥鞭猛抽，过于跃进奔驰不能长久，容易使天下疲惫甚至造成荒谬的结果，要懂得休养生息，给予人民自由；然而过于慵懒的"御"，看似顺应民意，听之任之，又会误国误民，使人民懒惰坐享其成，丢失"勤奋"的遗风。"御"是一种用心的智慧，要张弛有度。"御"是一种权力，既属于高高在上的集权，更来源于我们每一个个体，每个人都应该是自己理性而高明的御者。

说文解字，今天就到这儿，我们下期再见！

中国字,天下事,欢迎来到说文解字,我是庄婧。说文解字,今天我们来解一个"羞"字。

"沉鱼落雁之容,闭月羞花之貌。"这是形容女子容貌美丽,即使鲜花和明月在她面前都会羞愧退缩,这里面的"羞"就是不好意思,难为情。人们常在做了错事之后悔恨当初、羞愧万分,如果不当的言行影响深远,那么这"羞"就是羞愧者的一种耻辱。日常用语里说的"羞于见人"就是指抬不起头来,不敢面对大家。说到这,很多人会觉得"羞"的这些义项都很清楚,"羞"字语义明了。但是,假如我们说"羞"的本义和情绪无关,而是指"进献美食",可能一些人就会非常诧异,是的,"羞"最初就是指进献美食作为祭品。

"羞"字在甲骨文和金文里,都是左边一个"羊"字,右边一只手。羊,是鲜美的美味,手举着羊,就是进献美食做祭品。所以熟肉、美食被称为"羞"。《说文解字》说,"羞,进献也。从羊,羊所进也。"所以"羞"的本义就是"进献食品"或指美味的食物。《左传》中有"可荐于鬼神,可羞于王公。""荐"和"羞"对照,是同义词,都是"进献"的意思。

现在我们常用的"羞"是指羞愧、难为情,看起来和本义毫无关系。二者也确实没有联系,这是因为今天我们常说的"羞"其实是假借过来的,是个假借字。我们看到"羞"字下面是个"丑"字,这种义项的"羞"就是"丑","以为丑",所以难为情,由于这一义项应用广泛,成了"羞"的主要语义,所以"羞"就变成了"羞愧、羞耻、羞辱"。而那个美食的义项则被加了食字旁的"馐"

甲骨文

金文

小篆

羞

楷书

所代替了。

　　《孟子》一书中说："恻隐之心，人皆有之；羞恶之心，人皆有之。恻隐之心，仁也；羞恶之心，义也。"这是孟子学说中"人性善"的阐述，孟子认为每个人都有同情心、羞耻心，同情心属于仁，羞耻心属于义，而仁义正是儒家道德的核心。孟子进而说，"无羞恶之心，非人也。"现代汉语中，"羞恶"一词便由此而来，意思是因为自己的不善而羞耻，见到他人的不善而憎恶。

　　"羞恶"要求我们爱憎分明，其中更有着反躬自省和驱恶扬善的意图。当社会的善恶标准混淆或者说"羞"的尺度无限放宽的时候，往往意味着这一群体环境道德观念的沦丧，"恬不知耻"、"不知羞耻"可谓是汉语词汇中对人最为严厉的批评之一，从这个角度来讲"羞耻心"监督着我们的言行。所以当人做了不可见人的羞愧事，就有了"遮羞"这样一个词汇。它非常形象，似乎要用一块布将羞于见人的面孔、事情、经历遮挡起来。然而这"遮羞"又不是件轻松的事，很容易就露了马脚被人指责，碍于此，试图遮羞的"一方"就会陷入深深的焦虑，怕那块"遮羞布"后面的真相暴露，怕被人否定，怕历史宣判了它的非法。所以就愈加遮掩，也就愈加焦虑。当焦虑泛滥，人心也就惶惶了。如同一个人走过生命几十年的历程，一定会有几个这样那样的节点，与其"遮羞"带来他人更多的"纠缠"，不如坦然一些地去面对，展开自我的"救赎"，无论如何是切不可"恼羞成怒"的。

　　说文解字，今天就到这儿，我们下期再见！

威

中国字，天下事，欢迎来到说文解字，我是庄婧。说文解字，今天我们来解一个"威"字。

"威震四海"、"威震八方"，"威"似乎是一个天生就很有气势的字眼，具有名望和信誉称为有威信，具有强大破坏力和震慑力称为有威力。"威"是一种令人敬畏的力量，它令人不敢怠慢心有余悸。古代将帅征战，常常号称要以威武仁义之师来一统天下。然而，您或许不知道，这"威"最初的意思却并非这般豪壮、气动山河，而仅仅是指婆媳之间——婆婆的厉害！

"威"字最早见于金文，上部是一个"戌"字，下部是一个"女"字。"戌"在甲骨文和金文中的描绘就是与今天斧子形状类似的一种兵器。有了兵器就可以制服对方，所以自然是威慑之物，也就是威力的象征。那么威力和权威为什么和女性联系在一起了呢？在今天这似乎很难理解，因为在古代妇女的地位很低，是谈不上威风的，这是事实。然而，在家庭生活中，在婆媳之间就不是这样了，婆婆在媳妇面前是可以大耍威风的。比如在《孔雀东南飞》中所描绘的焦仲卿的母亲就是一个典型的例子，她以婆婆这不动刀兵却胜似刀兵的淫威，强行拆散了儿子焦仲卿和媳妇刘兰芝这一对恩爱夫妻。所以这"威"字一"戌"一"女"的组合记载的是一种古代家庭中的婆媳关系，《说文解字》说："威，姑也，从女从戌。"这"姑"古代指丈夫的母亲，这也是"威"本义的起源。

这种婆婆的霸道并不是个例，在古代具有相当的普遍性。我们熟悉的宋代诗人陆游和表妹唐婉的爱情悲剧也是典型的例子，陆游和唐婉相敬如宾恩爱有加，然而就是因为婆

金文

小篆

楷书

婆的反对，所以两个人不得不分开，陆游忍痛休了爱妻唐婉，这悲苦离情也造就了宋词中的两段经典。

陆游在《钗头凤》中写道："红酥手，黄縢酒，满城春色宫墙柳。东风恶，欢情薄，一怀愁绪，几年离索。错，错，错！"

唐婉答道："人成各，今非昨，病魂常似秋千索。角声寒，夜阑珊，怕人寻问，咽泪装欢。瞒，瞒，瞒！"

由这肝肠寸断的悲情诗句，我们或许就能更清楚的理解这表现婆婆威风的"威"字了。当然，这"威"字后来的应用已经不仅仅局限于家庭生活层面。《孟子·滕文公下》中"富贵不能淫，贫贱不能移，威武不能屈，此之谓大丈夫"的描述，表达出了一种大丈夫人格的标准：不畏惧威武、不屈服于强势权力。《孟子·公孙丑下》中"威天下不以兵革之利。得道者多助，失道者寡助"的描述表达的则是另一种不以兵戈铠甲令人威服的治国之道，也就是儒家的仁政治国思想。

当我们今天再来吟诵古圣先贤的文章，会发现虽历经千年，这"威武不能屈"的宣言依然受用，这"威天下不以兵革之利"的倡导依然任重道远。在现代政治中，被国家利益包裹的"先发制人"仍旧可以强行上演，威权主义政体作为一种政治形态更是在诸多国家成为正统。希望有一天我们记录下的"威"是："威，信也。"令人信服的才会是真正的"威"。

说文解字，今天就到这儿，我们下期再见！

中国字，天下事，欢迎来到说文解字，我是庄婧。说文解字，今天我们来解一个"赤"字。

赤橙黄绿青蓝紫，对于几岁的孩子来说"赤"就是一种红彤彤的颜色，它在彩虹里，在画板上，透着一股暖意。对于关心经济的成年人来说，"赤"可以是股票交易所里人们喜闻乐见的颜色，也可以是一个国家经济状况的观察数据——"赤字"的情况。"赤"可以是不加掩饰的赤裸裸，也可以是一片忠诚的"赤子之心"。那么它最初的本义是什么呢？回归它的最初形态，在甲骨文里您一看就知道了。

甲骨文中，"赤"上面是一个"大"字，下面是熊熊燃烧的火焰，显然它是一个会意字，本义就是一把熊熊燃烧的"大火"。金文和甲骨文结构相同，也是"大"、"火"的组合。可奇怪的是在东汉许慎的《说文解字》一书中，却写道，"赤，南方色也。"意思是"赤"就是南方的颜色。许慎为什么会这样说呢？这是因为在中国古代哲学中，有五行的说法，认为世界万物都是有五种基本的物质组成的。这五种物质就是金木水火土。古人又用五方来配这五种物质，五方就是东南西北中。东方属木，南方属火，西方属金，北方属水，中央属土。古人还用五色来配五方。东方为青色，南方为赤色，西方为白色，北方为黑色，中央为黄色。所以清代学者段玉裁在《说文解字注》说，"火者南方之行，故赤为南方之色。"这是五行、五方、五色相配的结果。

虽然在《说文解字》中，许慎有这样的解读。但是在古代文献中，我们发现大多时候，"赤"是作为颜色表示红色用的。宋代诗人陆游在《记老农语》一诗中说："霜清枫叶照溪赤，风起寒鸦半天黑。"意思是说，在秋天枫树的叶子

甲骨文

金文

小篆

隶书

变得通红。在溪水中映照出来，好像溪水也被染红了一样，一阵秋风刮起，一群乌鸦飞上天空，好像天空也变黑了。

　　经大火焚烧后的地方，必然将一无所有、不复存在。所以古人把一无所有或空尽无物称为"赤"。例如在《韩非子·十过》中有："晋国大旱，赤地千里。"再比如成语"赤手空拳"，也是说手里空空的什么也没有拿。古代称出生的婴儿为"赤子"，一种说法是婴儿挣脱母腹来到人间，身上一丝不挂，是空净无物的，所以称为"赤子"。另一种说法则是来源于颜色，指婴儿出生时身体多呈现红色，所以称为"赤子"。而"赤子之心"则用来比喻纯正而天真无邪的心，比喻忠诚热切之心。

　　随着时代的变迁，新生事物的不断涌现，"赤"作为一种象征开始被赋予越来越多新的内涵。鲁迅在《致李霁野》信中写道："这里现亦大讨其赤，中大学生被捕者有四十余人。"这大讨其赤的"赤"指的就是共产党了。"赤"作为红色政权的一种标志至今仍被保留。

　　在历史长河的奔腾激荡之中，"赤"可以是星星之火的态势，"赤"可以是凝合成的力量。它可以如太阳一般让人民看到希望和光明，也可以暴虐燃烧显示其毁灭一切的破坏力。"赤"可以温暖人心，也可以灼伤灵魂，"赤"可以是坦诚，也可以是霸道。当"赤"成为公正的赤子之心，当"赤"展现民族共荣的赤子胸怀，或许"赤"才会成为真正的吉祥之色，人们的向往之色吧。

　　说文解字，今天就到这儿，我们下期再见！

中国字，天下事，欢迎来到说文解字，我是庄婧。说文解字，今天我们来解一个"多"字。

说到"多"字，依照传统观念里"多多益善"的说法，它是个很招人喜欢的字。有总比没有好，这是贫乏带来的后遗症。"多"似乎天生透着充裕和丰富的气息。人们希望自己的生活富足，"多"就是不匮乏，人们希望自己的人生与众不同，"多"就是繁花似锦、多姿多彩。有的时候汉字的美妙之处正在于这些常用的词法、词组使得某一个汉字似乎有着它特有的性格与特色。

物质匮乏的时代，粮食"多"就能温饱，精神贫瘠的土地，思想"多"则意味着革新。然而，我们似乎很少想一想这"多"字为什么就表示了这样的含义呢？先人造字的时候，是怎样界定这个"多"字的呢？其实这里面还有着很大的争议。

"多"在甲骨文里的写法见右图，字形演化至今其实变更不大。然而就是这简单的字体结构却引来一片争议声，有人说这"多"就是两个"夕"，我们知道"夕"最初代表的是月亮后来泛指夜晚，两个"夕"重叠意思就是一个接一个的夜晚。东汉许慎《说文解字》里记载，"多，重也，从重夕。"就是这样一个意思。然而还有一种解释与此大相径庭，王国维先生就曾考证，这上下两部分不是什么"月亮"、"夜晚"，而是两块肉，上下两块肉。甲骨文、金文、小篆都是如此。据说古时分肉，一人一块，谁要是多拿一块或者说分得两块，那就是"多"。这两种解释的方法各有各的道理，求同存异，"多"代表了数量上的繁复。

我们常常说"多多益善"这个成语出自刘邦和韩信的

甲骨文

金文

小篆

楷书

一次对话。刘邦夺得天下后，常常和韩信聊天。有一天他问韩信："你看我能统率多少军队？"韩信看着刘邦回答说："依我看，陛下能带领十万军队。"刘邦听过后问韩信："那你能带领多少军队呢？"韩信从容的答道："臣多多益善而。"刘邦笑着对韩信说："你说你自己多多益善，但是你为什么被我擒获了啊？"韩信不急不缓地说："陛下虽不能多统率士兵，但是陛下善于驾驭将领，这就是我被陛下擒获的原因。"刘邦听了哈哈大笑，后来人们就用"多多益善"来表示越多越好。

回首2008年，很多人会记起北川中学黑板上中国政府总理温家宝写下的"多难兴邦"四个字，这是惨烈的自然灾害过后人心凝聚的一种力量的写照。其实"多难兴邦"这个成语最早出现在春秋时期，楚灵王要与诸侯会盟，邀请晋平公。晋平公觉得晋国地势险要，良驹宝马很多，根本不需要前去。司马侯劝谏道："天下的宝马良驹多的地方，那里的国家都经历了灭亡，反倒是那些多灾多难的国家，激励了国人内部奋发图强，团结起来使国家巩固，所以多难可以兴邦。"晋平公听了非常认同连连点头称是，随即去参加了会盟。

无论是一个又一个晚上还是两块肉，统率兵马还是多难兴邦，"多"是个中性词，因为"多"出来的东西的不同，而决定了这"多"是让人发愁还是催人奋进。"多"还有一个引申义就是"有余"，中国人讲究从容不迫所以喜欢讲"年年有余"，"多"隐含着留有余地、空间广阔的意味，我们喜欢"多"，富足而不懈怠，坚韧而愈挫愈勇，无论是物质富足还是灾难频繁，有益处的"多"就是一种心态上的积极，积极——多多益善、年年有余。

说文解字，今天就到这儿，我们下期再见！

寒

中国字，天下事，欢迎来到说文解字，我是庄婧。说文解字，今天我们来解一个"寒"字。

"寒"我们都体会得到，它最常用的义项就是我们常说的"寒冷"，所谓天寒地冻，"寒"是我们的身体对外在环境温度的一种感知。同时也可以是内心情绪的一种体现，比如心寒，或者比喻人穷困潦倒，如寒门、寒士。然而我们发现无论是身体感到寒冷还是内心的凄苦心寒，都是一种看不见摸不着的感觉，那么古人是怎样用文字符号传达这种感觉的呢？通过这个汉字，我们能体会到先人造字的巧妙以及古体寒字图像的生动。

"寒"字是一个会意字。金文的"寒"字上面是一个象征房屋的宝盖头，屋子里面有一个明显的人形，在这个人脚下有两个点，这两点象征冰块表示寒气从脚下冒起来，人四周的草是用来御寒保暖用的。整个字的形态就像是一个人住在一间堆满干草的屋子里躲避寒冷的状态，借此以表现外面天寒地冻。所以"寒"字的本义就是我们熟悉的"寒冷"。在《荀子·劝学》篇中有"冰，水为之，而寒于水"的说法，意思就是说，冰是由水凝结成的，但它却比水要寒冷。在日常生活中我们把用来御寒的衣服称为寒衣，把耐寒不凋的松柏称为寒木。在中国的传统节日里，有寒食节，时间是在清明的前一天或两天，在这天人们不可以生火做饭。此外在中医里也有"寒性体质"一说，中医理论认为：人体是平衡的有机整体，体弱的根本是阴阳失衡。寒体性质是身体内部阴气过剩，导致阴阳失调。具体表现为内脏下垂，对营养物质消化和吸收功能减弱，以至身体对热量吸收减少，身体呈寒性。

金文

小篆

楷书

安得广厦千万间
大庇天下寒士俱欢颜
风雨不动安如山

除了这些生活意义上的"寒","寒"作为一种感受也常常投射于内心。在北宋词人柳永的《雨霖铃》里写道,"寒蝉凄切,对长亭晚,骤雨初歇。都门帐饮无绪,留恋处,兰舟催发。执手相看泪眼,竟无语凝噎。"在这里,寒蝉,也就是冬天的知了,成了词作者心绪的象征,凄惨的鸣叫呈现出心境的凄凉。人心情愉悦的时候,纵使大雪纷飞也是"千里冰封,万里雪飘",情绪低落人生际遇不顺,一只小小的寒蝉也道尽了生命的悲凉。"寒"由于常常是身心共同的感受,人遇穷困难免会受冷挨冻,这样可怜的景象使得"寒"字又具备了贫穷卑微的意思。贫苦出身的读书人被称为寒士,杜甫在《茅屋为秋风所破歌》里写道,"安得广厦千万间,大庇天下寒士俱欢颜,风雨不动安如山。"这恐怕是历代文人学子普通百姓的愿望:居者有其屋,寒士受到社会的尊重。

其实对于大多数读书人来说,相较于权贵官僚,手无寸铁、无兵无将,几乎都是寒士。以思想之坚定,热诚之祈愿入世,面对凛冽的寒风,其中的滋味可想而知。英国诗人雪莱说:冬天到了,春天还会远吗?人们总是期盼温暖的春天,期待万物复苏、冰雪消融、大地回暖。然而那总需要我们在冬天里的忍耐,在寒风中一步一步地前进,哪怕日进毫厘,也不言放弃。春寒料峭,总会有一颗绿芽在土层中生发,因为自由的种子早已播下,总会有悲伤离去的大雁在春日归来,因为故国小园已听到潺潺的水声……

说文解字,今天就到这儿,我们下期再见!

中国字，天下事，欢迎来到说文解字，我是庄婧。说文解字，今天我们来解一个"好"字。

"好"是我们日常生活中最愿意听到的一个字眼。考试，学生要考好成绩；球赛，球迷要看好球；股市，股民期待利好的消息；父母官，老百姓盼着那是清官、好官；纵然是世事无常、好事多磨，人们也满怀着美好的期盼。这，就是我们说的"好"。这用了千百年的"好"字从何处来呢？

从这个汉字的字形结构，我们可以揣测一番。"好"字从甲骨文到金文、隶书、楷书，字形构成变化并不大，都是一个"女"加一个"子"，有人说这是不是意味着"女子就是好"？可以说猜对了一半，"好"确实和女子有关，但这女子必须是漂亮的，"好"最初的意思就是女子相貌美丽。在甲骨文中，人们发现"子"在左，"女"在右，"女"是半跪半立的姿势，据此推断这"好"是父系社会中处在尊位的男子对女子的一种评价，所以"女子貌美"就是"好"。比如在汉乐府《陌上桑》中就有"秦氏有好女，自名为罗敷"这样的说法，"好女"就是指"漂亮的女子"。

但是另有一种说法和上面的解释不太一样，它将字形中的"子"解释成"孩子"，将这一"女"一"子"，说成是女人抱着孩子。这女人抱着孩子怎么就好了呢？咱们来看个究竟。

公说公有理，婆说婆有理。"女人抱子"是"好"，女人相貌美丽也是"好"。在《说文解字》中许慎说，"好，美也"。赞同的是"女子漂亮"这一说。不过这"好"字诞生之后，在本意的基础上，延伸的意思是非常丰富的。"优点多"是好，"身体健康"是好，"事情完成"

是好,"赞成同意"也是好。但是这"好"多了,万事都是"好",就未必是真的"好"了。东汉时有个人叫司马徽,他和人交谈的时候,好坏都说好。有人问他好吗?他说"好"。又有人对他说自己的儿子死了,他也回答"很好"。于是他的妻子就责备他说,"别人是因为认为你有品德,才告诉你这件事,你怎么能说好呢?"不料这司马徽对妻子说,"你说得也很好。"

在今天我们将像司马徽这种与人无争、不问是非曲直,只求相安无事的人称为"好好先生"。这里的"好"就有了讽刺的意味了。

对于好好先生的讽刺,在中国近现代史上,最为激烈的要数鲁迅先生和写出《丑陋的中国人》的柏杨先生,二人在批评国人惰性十足、酱缸文化乌烟瘴气的时候,矛头都直指那只知"和稀泥"一团和气的好好先生。不过,两位先生将"好好先生"等同于中庸文化,在今天已不再被多数人认同。审慎来看,孔子倡导的"中庸"并不是一种和事老文化。子曰"乡愿,德之贼也"孔子最痛恨的也是阿谀奉承,见风使舵,卑躬屈膝的人。孔子曰"巧言乱德"又说"巧言令色,鲜矣仁",这都是儒家孔子拒绝"好好先生"的明证。只是由于时代历史的缘故,"好好"和"中庸"牵连在了一起。

在今天我们说"好"的语境很多,有的是发自内心的赞美,有的则是一种反语的讽刺。而且"好",还可以作动词用,读四声,表示喜好做某事。像叶公好龙、敏而好学这些成语典故想必大家都不陌生。

总而言之,"好"字虽历经沿革演化,但是字义始终清晰、好坏分明,无论是平民百姓还是帝王将相,做好人好事但不要做好好先生,有好善乐施之心,切勿有好大喜功之想。

说文解字,今天就到这儿,我们下期再见!

中国字,天下事,欢迎来到说文解字,我是止婧。说文解字,今天我们来解一个"弘"字。

"弘"是一个颇为大气的汉字,弘扬光大、德重恩弘、士不可不弘毅等等,凡是和这个"弘"字沾边的都是一幅浩浩汤汤的大气场面。"弘"字由来已久,甲骨文里便能看到它的形象,"弘"字字形简单,造字之初就让人一目了然。那正是一副弓箭的形状。

"弘"字的构形来自"复合弓"在解弦弛弓时的形状:弓身向反方向勾曲。这里所说的复合弓是区别于"单弓"的一种弓,因为是由多种材料共同制造而成的,所以被称为"复合弓"。这种弓在张弦后,比不能解弦的单体弓具有更强的弹射力。甲骨文和金文的"弘"字,都是在"弓"的中部加上一短横,用来指示弓背的部位。甲骨文和金文都是典型的指事字。因为"复合弓"在张弦后比单体弓有更远的射程,挂上弦后高度也更高一些。所以"弘"字便有了强烈、高大的意思。

《尔雅》注解:"弘,大也。"《字汇》讲,"弘,大之也。"可见作为"大"的解释是"弘"较为普遍的义项。

成语"弘毅宽厚"是指志向远大而待人宽大厚道。语出《三国志·蜀书·先主传》:"先主之弘毅宽厚,知人待士,疠有高祖之风,英雄之器焉。""弘毅"是对刘备的称颂。成语弘奖风流,"弘"也是"大"的意思。风流:指才华出众之人。意思是对才华出众之人大加奖赏或大量任用人才,以鼓励其他人奋发上进。而我们更为熟悉的《论语·泰伯》中所说的"士不可不弘毅,任重而道远","弘"同样是"大"的意思,是对"士"的一种要求与界定,指出作为

甲骨文

金文

小篆

楷书

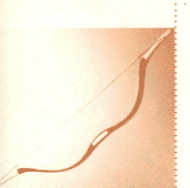

"士"的品性与担当。

此外,"弘"还可以作为动词当弘扬、发扬讲。在《论语·卫灵公》中,孔子说:"人能弘道,非道弘人。"这里的"弘",就是发扬光大的意思。虽然历经朝代更迭,时间久远,但这句话在今天依然会指导我们的言行。孔子的意思是,行道是人的责任。人能使"道"发扬光大,"道"等待人以实际行动去实现。行道的人是以行道为志向的,不能以"道"来标榜个人,凭借"道"来弘扬自己以提高自己的声誉为目的。换句话说,无论是今天的学者文人还是公共知识分子,在弘扬思想的时候其指向在思想本身,而并非在于奠定自己的学术地位和社会声望,由此可见,孔子讲的"人能弘道,非道弘人"倒是可以作为我们今天对"社会良心"的一个衡量标准。

说文解字,今天就到这儿,我们下期再见!

中国字，天下事，欢迎来到说文解字，我是庄婧。说文解字，今天我们来解一个"久"字。

"久"在人们心里多是一种时间上的概念，"长久"、"久远"、"天长地久"。俗语中说，"路遥知马力，日久见人心。"就是说路途遥远能测出一匹马的优劣，时间长久才能看出一个人真正的品质。人们常说的"久坐必有一禅"，意思是做的时间长了必然会有一些感悟，比喻坚持总有成效。这些都是时间上的"长久"，"久"确实也寄托了人们很多对于美好事物永存不朽的期望。然而，这"久"字在古人造字的时候却并非如此，那是一根针扎在人的后背上。

在《孙子兵法》中出现的"久"字像是在一个躺倒了的人后背上扎着一根针，或支着一根棍子，好像一个人正在接受针灸方法的医疗。因此"久"就是"针灸"的"灸"的本字。在中国古代，"针灸"是中医重要的治病手段，在还没有出现"针"之前，人们会通过燃烧艾草来灼烧人体以达到医疗治病的目的，几千年前这种治疗方法就已出现。在《秦律》记载有这样一条律例："公甲兵各以其官名刻久之，其不可刻久者，以丹若漆书之。"就是说在秦朝，作为公甲兵必须在身上通过灼烫来刻上自己的官名，不能灼烫的，就用像漆一样的红色染料涂上去。

由于用艾草灼烧身体，痕迹经久难消，因而"久"就有了长久的意思。比如在《诗经·邶（bèi）风·旄（máo）丘》中写有，"何其久也？必有以也。"意思是说，为何能够长久？必定有所凭借。

"久"由时间长久又引申出久留、等待、滞留的意

甲骨文

金文

小篆

楷书

思。被人誉为儒家亚圣的孟子在评价孔子的时候，曾说"可以速而速，可以久而久，可以处而处，可以仕而仕，孔子也。""速"是迅速离开，"久"就是留下来，"处"是停止，"仕"为做官。这句话的意思就是：如果能迅速离开就马上走，如果能留下就留下，如果可以停就停下来，如果能够做官那么就去做官，这就是孔子。这句话描绘出孔子当时被迫离开家乡鲁国而出走的情形。孔子当时极不情愿离开故土，尽管形势紧迫依然迟迟不肯上路。在这段话里，孟子说的"久"就是留下的意思。

尽管在造字之初，有"针灸"的含义，在演化过程中可以指"留下"，但是在现代汉语中最为常用的义项，还是指时间上的长久。爱人之间期待真挚感情的天长地久，庄稼地里的农民希望久旱逢甘露能有个好收成，古代帝王将相希望政权永固、长治久安，然而这时间上漫长的"久"，也并非只是时间本身，它简单的语义中也暗含着复杂的经历，久病可以成医，久病床前也可以无孝子，久而久之更可以习以为常，当然也可以历久弥新。"久"是一种距离，它可以让我们更清晰无挂碍地看待历史、评判过去，也可以因为无人记录刻意修改久而久之被人遗忘，"久"在时间上是一条漫长的路途，对于"久"的书写贯穿始终，然而这书写能否取信于人，能否经久不衰，确是对人的一种长久考验。

说文解字，今天就到这儿，我们下期再见！

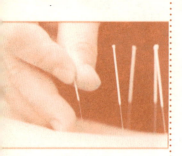

针 灸

中国字，天下事，欢迎来到说文解字，我是庄婧。说文解字，今天我们来解一个"老"字。

"老"在我们的日常口语中，应用广泛。年纪大了，人都会衰老。朋友相交多年，成为老友。做事经验丰富、成熟稳重，称为老练。中国是个敬老尊老的国家，常言道"家有一老，好有一宝"，这"一老"就是指老人。那么，我们追根溯源，这"老"字最初表示的什么意思呢？和今天的差异大吗？由字形观察，答案立即就出来了。

在甲骨文里"老"是这样写的，看上去非常像一个驼背的老人，披着一头长发，拄着一根拐棍，艰难地行走着。显然这是个象形字，它的本义就是指年老的人。中国现代古文字专家商承祚在《殷墟文字类编》就写有甲骨文为："老者依仗之形。"《说文解字》里明确说，"老，考也。七十曰老。"在古代"老"和"考"是同一个字，七十岁叫老，特征是头发胡子变白。到了金文，字形略有变化，更突出了老人的长发。小篆基本继承了金文的形体，但是到了隶书发生了很大的变化，直至今天的楷书已经不大能看出老人的形态了。但是语义的起源"年老的人"却一直应用到今天。

根据这个原义"老"延伸出了不同的意思，比如年长的人往往经验丰富技术熟练，所以"老"就有了老练的意思，杜甫在《奉汉中王手札》有："枚乘文章老。"意思就是说两汉文学家枚乘写文章很老练。

此外，我们口语中常常说的"老大"就是指同辈中年龄最长、排行第一的人。当然在一些古诗词中，"老大"也指年老或者年长的人。例如古代乐府诗《长歌行》中写道：

甲骨文

金文

小篆

隶书

"少壮不努力，老大徒伤悲。"这里的"老大"就是年老的意思。唐代诗人白居易的《琵琶行》中，有著名诗句"门前冷落鞍马稀，老大嫁作商人妇。"这句诗写的是古代著名歌妓失去姿色后门庭冷落。诗句中的"老大"也是年长的意思。可见在古人口中说某某是老大也未必就是带头人，可能指的是行将衰老的角色。

人随着年龄的增长必将衰老，但是古人不服老的典故也是比比皆是。老当益壮源自东汉伏波大将军马援，他六十多岁还请求上前线作战，常常说大丈夫立志，越穷越要坚定，越老越要强，所谓"穷当益坚，老当益壮。"曹操在《步出厦门行》中写："老骥伏枥，志在千里。烈士暮年，壮心不已。"

人的志向高远是不受年龄局限的，但是人的身体确实会随着年老而不断衰弱。所以"老"有时是一种脆弱，是衰败，是民间老百姓的恐慌，人们害怕老无所依，平民百姓期待老有所养。民间俗语说"养儿能防老"，中国儒家讲"老吾老以及人之老，幼吾幼以及人之幼"，一种理想的社会图景描画至今已经历经几千年，然而在今天，从城市到乡村"老"依旧会不时的成为百姓心底的一份隐忧。

老当益壮，固然可喜，老有所依，仍待努力。

说文解字，今天就到这儿，我们下期再见！

中国字，天下事，欢迎来到说文解字，我是庄婧。说文解字，今天我们来解一个"美"字。

东汉许慎在《说文解字》里就字形作了分析。他说"美"甘也，从羊从大。什么意思呢？简单讲就是，美字，上面是一个羊，下面是一个大。

许慎认为，古代人觉得大的羊就是美，甘，就是说品尝起来味道好。清代的段玉裁又将许慎的观点进一步发挥说"羊者祥也，故美从羊"，羊是古代的祭祀品，是古人眼中的吉祥物，所以说和"羊"沾边的都有吉祥美好的意思。所以大的羊自然就是美的了。

甲骨文

然而事实真的是这样吗？大的羊就代表了美吗？首先大的羊未必肥，味道也未必就好，往往小肥羊才好吃。很多现代研究者就是怀着这些有趣的疑问，从甲骨文的字形入手，考据分析，提出了与前辈不同的看法。

早期的甲骨文里，"美"字有几种不同的写法，通过观察，我们看到下面所谓的"大"其实更像是一个站立的人形，从象形字的角度来看，上面不是一个完整的羊。整个字看上去更像是一个人戴着羊或牛的角。可能有人会说，人戴着羊、牛的角就算美吗？

金文

现代人可能不觉得，但古人大概认为是美的。因为人正立而戴羊角，所强调的正是美好的装饰，一种装饰的美，引申开来就成了一切美好的通称。许多文献和考古资料告诉我们，头上戴羊角、牛角是世界上各原始民族普遍的风尚。

小篆

我国的羌族古代就戴羊角，而羊角的造型更作为图腾被羌族人所崇拜。在原始社会里，先民在祭祀祖神、祈祷丰年而跳舞的时候，往往会在头上插些羽毛或戴上动物的角，

隶书

这种生活习惯被艺术化的中国戏曲吸收并流传至今。在欣赏戏曲的时候，我们常常可以看到吕布、周瑜、穆桂英个个都是头戴雉尾背负令旗。人们认为那样是威风的，是美的。所以"羊大"不是美，人们戴着"羊角等装饰品"才是美。

古往今来，美的本义都是"美丽"。延伸开来可以指味道鲜美，也可以指善良高尚。但是古今用词也有差别，比如"美人"现在一般指容貌美丽的女子。但是在旧体诗中可不是这样的，苏轼在《前赤壁赋》中有一句"望美人兮天一方"，可不是说看见了漂亮的姑娘。而是指想起了自己怀念的故人，其实在古体诗中，很多时候美人都是指自己怀念的人。

"美"，从字形到寓意古今都有变化，但是人们对美的追寻却从未改变。原始社会，人们头戴羊角、翎毛，想让自己美起来。如今艳丽的时装、奢华的装饰，现代社会给人创造了无数美的可能。然而一片喧嚣繁华背后，今天的我们，是否能够体会到上古庄子的"天地有大美而不言"？是否能够拥有那种来自内心的从容和平静？

说文解字，今天就到这儿，我们下期再见！

中国字，天下事，欢迎来到说文解字，我是庄婧。说文解字，今天我们来解一个"穷"字。

在现代汉语里，"穷"一般来说，就是指经济拮据、没有钱财，也就是贫穷的意思。现实生活中，人们往往以财富占有的多少来评判一个人是贫穷还是富有。但是在古代，"穷"的意义则稍显复杂，不仅是在经济状况上，很大程度上指向精神的状态，描绘的是一个综合身心的生活境遇。接下来，我们就从"穷"的字形分析开始，来了解一下，人是怎样变"穷"的。

在小篆里，"穷"的字形和今天的繁体字字形基本相同。《说文解字》说："穷，极也。从穴，躳声。"认为"穷"是一个典型的形声字。但也有学者认为，小篆中的"穷"也是会意字，"穴"指洞穴，"躳"就是表现一个人身子弯的像弓。认为这是因为古人多穴居，洞穴非常矮小狭窄，所以人进洞只能躬着身子，并且一走就会走到洞底，所以"穷"才有了尽头、极的意思。两种说法都有自己的依据。不过在今天，简体字"穷"则是个不折不扣地会意字。力在穴下，有劲使不出，表现生活困难、境遇不好的意思。它不单单指向没有钱财，做名词讲，可以解释为："不显贵，没有出路的生活。"往往和"达"相对。《孟子·尽心上》中讲："穷则独善其身，达则兼济天下。"就是典型的例子。这也是中国士大夫出世入世，事功修为的一种持守、坚持的信念。

此外，"穷"作动词讲，有"遇到困难处境"的意思。传说黄帝、尧、舜兴起的时候，都在不断地改进社会生产工具，适应社会生产的需要。古书上记载说他们"穷则

小篆

隶书

变"，以后演化成"穷则思变"，意思就是说事情行不通，就要想办法改革。历史告诉我们，穷困和窘迫一旦成为社会生活的常态，革命或者变革便开始积蓄力量了。

因为"穷"的本义就有"极、尽"的意思，所以延伸就有"穷尽"、"完结"、"终止"的意思，成语"图穷匕见"描写的就是荆轲刺秦过程中，地图逐渐展开，到最后，匕首露出来的过程。现在用来比喻事情发展到最后，真相或本义完全显露出来。

在王之涣的诗《登鹳雀楼》里有"欲穷千里目，更上一层楼"的千古名句。诗里的"穷"也是当"穷尽"讲的。

"穷尽"是一种极致，往往在生活境遇的极致里才能更突显一个人的品格特质。成语"君子固穷"语出《论语·卫灵公》，讲的是孔子周游列国时的一段故事。孔子到卫国不受卫灵公重用，离开卫国去陈国的路途中，粮食吃完了，饿的起不了床。子路问他君子也有穷的没有办法的时候吗？孔子回答："君子固穷，小人穷斯滥矣。"意思是君子再穷也能坚守节操，小人如果遭遇贫穷就会无所不为了。其实"穷困"并不可怕，虽然我们说"仓廪足而知礼节"，但是真正人格完整、精神富足的人，有承担精神的人即使仓廪不足，依然是懂得坚守内心的信仰的，所以这样的人不畏惧穷困。正所谓"穷则独善其身，达则兼济天下"，真正可怕的是精神的匮乏，因为当人们普遍处于精神匮乏的社会当中，信仰被扫地出门，伦理降到常识以下，那么稍有物质的匮乏我们便会看到人性中最可怕的恶，这种恶才是真正的"穷"。

说文解字，今天就到这儿，我们下期再见！

仁

中国字，天下事，欢迎来到说文解字，我是庄婧。说文解字，今天我们来解一个"仁"字。

"仁"这个字对于中国人来说非常熟悉，从古至今，作为一种崇高的道德观念，被儒家发挥到了极致。对于外国人来说，"仁"几乎可以称为中国哲学的核心理念，要想了解中国文化、解读中国社会，必须知道"仁"的含义和它在中国人骨子里扎扎实实所起的作用。那么究竟什么是"仁"呢？什么样的言行品德我们可以称之为"仁"？首先我们从"仁"字的字形说起。

"仁"字是一个会意字，在小篆里是这样写的，左边一个人民的"人"，右边一个"二"。在东汉许慎的《说文解字》里有"仁，亲也"。意思很好理解，"仁"最初就是指人与人相互亲爱，表示一种友好和亲近。《礼记·经解》说："上下相亲谓之仁。"

然而，从一种单纯朴素的情感亲近，到儒家思想的一种核心理念，"仁"不断地扩大着它的外延。"仁"在孔子的哲学体系里，具有更广泛更深刻的内涵。

在《论语》中孔子多次提到"仁"，被后人引用最多的一个解释源自《论语·颜渊》。"颜渊问仁。子曰：'克己复礼为仁……'颜渊曰：'请问其目。'子曰：'非礼勿视，非礼勿听，非礼勿言，非礼勿动。'"意思就是说，孔子的弟子颜渊请教如何才能达到仁的境界，孔子回答说：努力约束自己，使自己的行为符合礼的要求。如果能够真正做到这一点，就可以达到仁的境界了，这是要靠自己去努力的。颜回又问：那么具体应当如何去做才能达到"仁"呢？孔子答道：不符合礼的事，就不要去看、不要去听、不要去说、不要去做。

甲骨文

小篆

楷书

由此我们可以看出孔子解释的"仁"已经是一种崇高的道德理念，是孔子眼中极高的道德标准了。

后来儒家集大成者孟子继承孔子的学说，将"仁"的观念引入了政治，产生了对后世影响深远的"仁政说"。他把"仁"具体落实到政治治理中，建议君主实行王道，反对霸道，要求政治清平，使得人民能够安居乐业。这对中国的政治历史产生了很大的影响。在《孟子》中有这样的话，"以德行仁者王，王不待大"，"夫仁政，必自经界始"。

孟子将"仁"引入政治

由本身的互助、互爱的感情亲近，到一种道德尺度，再进入政治语态，"仁"的观念在中国的社会里可以说无处不在。有这样一则小典故，也是说"仁"。语出《礼记·檀弓上》，里面讲："狐死正丘首，仁也。"什么意思呢？传说狐狸将要死的时候头一定会朝向出生的山丘，虽然是一则传说，但古人借此说这也是一种仁义——代表至死也不忘本，是一种信守。所以称狐死首丘也是"仁"。由此我们就可以看出啊，在后世对于"仁"这一道德理念，它的外围扩展的是很大的。

在文化比较的意义上，虽然同为东方文化，但在美国人类学者鲁斯·本尼迪克特眼里，中国人正是有着强大而深入人心的"仁"的观念，所以对比近邻日本才有了许多朝代的更迭。因为在中国人的心里，君主"不仁"是可以起来反抗的，可以推翻他。所以我们在历史上也经常看到，起义军打得旗号都是"仁义之师"替天行道。

如果说西方的自由、民主等价值理念是关乎权利和责任的话，那么古老的中华民族、礼仪之邦，她所体现出来的儒雅之风，她所提倡的和谐之美，她的雍容和大度，都脱不开"仁德"观念的影响。因为她起源于一种互助、互爱，因为她来源于一种情义、胸怀。"仁"作为一种中国的软实力正在输出，而作为一种思想财富想必会光照后人，成为一种新的普世价值和人类财富。

说文解字，今天就到这儿，我们下期再见！

中国字，天下事，欢迎来到说文解字，我是庄婧。说文解字，今天我们来解一个"圣"字。

由于日常的语言习惯，说到"圣"，往往会给人营造一种高不可攀的神圣感。"圣"必是超然脱俗的，比如"诗圣"杜甫，这样一个称号就透露出他卓越的诗歌成就。比如儒家创始人孔子被称为"大成至圣先师"，孟子被称为"亚圣"，这样的称谓无形中已经把这两位先人供上了神坛。更直接的尊崇还有很多，比如和皇室有关的词汇，圣上、圣子、圣驾，都象征着无上的权威和尊严。然而今天我们讲这个"圣"字，就是想告诉大家，其实这个圣字在造字的最初并没那么高高在上，他只是一个听觉很好的人罢了。

"圣"字在甲骨文里像一个人挺直站着听人说话的样子，旁边的口表示有人在说话，人形头上的耳朵特别突出，表示极力倾听的意思。所以"圣"字的本义是指听觉灵敏。中国人常说"耳聪目明"，是指一个人听得清楚、看得明白，形容头脑清醒，眼光敏锐。《风俗通》里说："圣者，声也，通也，言其闻声知情。"《诗经·凯风》里说："母氏圣善。"也就是说母亲的听力很好的意思，这里就用的是"圣"的本义。东汉许慎的《说文解字》里记载："圣，通也。"所谓"通"就是无所不通的意思。显然这里许慎讲的并不是圣的本义，而是它的引申义，是由"耳聪目明"引申而来的。即使是这里的无所不通，此时也并没有加进宗教的意味和政治的色彩。可见这圣在最初就像它字形所描画出的那样，"耳"、"口"、"人"三个字组成"圣"，在上古时代就是听觉灵敏、善于言谈的人，而做到这样，就是"圣人"了。只是随着历史的变迁，人们逐渐把"圣"神圣化和

甲骨文

小篆

楷书

崇高化，在后来它才成为那样一个具有权威感的人。

另外，对于"圣"还有一个有趣的寓意是：圣在古代也作为酒的代称。在东汉末年，人们把清酒叫圣人，浊酒叫贤人。谁要是喝醉了，可以说是"我中圣了"。后来人们沿袭这样一种说法，称酒为圣，称醉酒为"中圣"。唐代李适之的《罢相作》中有这样两句"避贤初罢相，乐圣且衔杯。"意思是说，罢相后每天以举杯饮酒为乐事。这里的"圣"指的就是酒。唐代诗人李白在《赠孟浩然》中说"醉月频中圣，迷花不事君"，意思就是迷恋赏花饮酒，观花散心，频频大醉，不为君王做事。这里的"中圣"也是醉酒的意思。

以"圣"代指"酒"，其实是将酒文化中那种情怀寄托用"圣"字来代为表达了，情感发自内心，往往"中圣"之后才能酣畅淋漓地表现出来。而"圣"本身也是对内心修为的一种描述，儒家思想中讲"内圣外王"，就是将圣作为对内心道德塑造的一个标准，虽然"内圣外王"最早出于庄子，但是孔子在阐述上，却将这种内心修为和外在的作为紧密地联系在了一起。回顾孔子"内圣外王"思想阐述，会发现他将道德与政治直接地统一在了一起，可以说儒家无不讲道德，也无不谈政治，认为政治只有以道德为指导，才有正确的方向。道德只有落实到政治中，才能产生普遍的影响。没有道德作指导的政治，就很可能是霸道和暴政，可见这道德之"圣"的重要，"内圣外王"的思想在今天依然有很强的可借鉴的地方，"外王"以"内圣"为前提才会可持续的延展与稳固，而这"内圣"的建立，或许正贴合了圣的本义，它是从用心的"听"开始的。

说文解字，今天就到这儿，我们下期再见！

孔子 被人称之为大成至圣之人

中国字,天下事,欢迎来到说文解字,我是庄婧。说文解字,今天我们来解一个"实"字。

在中国内地改革开放三十多年的岁月中,"实"这个字是一直在台前闪闪发光的字眼。"实事求是"、"务实合作"、"实践是检验真理的唯一标准",这些语汇人们再熟悉不过了。可以说"实"作为一种权力符号在媒体上频频亮相,一直延续至今。"实"确实是一个好字眼,"实"既是踏实的作风,又是务实的态度,在现代汉语中他既被解释成客观的情况,又被诠释为富足的殷实的生活状况。"实"让人追寻又惹人羡慕,而这种魅力其实古已有之,"实"在造字之初就是那样地招人喜欢。

"实"最早见于金文,由三部分组成,上面是象征房子的"宝盖头",中间是一个"毌(guàn)"字,《说文解字》对"毌"的解释是"穿物持之也"。段玉裁注解说,"毌"就是珍贵的珠宝财物。在"实"的下面则是古代作为物质交换的媒介的"贝",也就是钱币。这样上中下三部分合在一起就是古代的"实",意思就是将珍宝财物装满了整个屋子,这样多财物的人家自然是富户,所以古代"实"的本义正是"富"。东汉许慎的《说文解字》讲:"实,富也。"清代段玉裁注:"以货物充于屋下,是为实"。因为"实"的本义包括有财物,所以"实"又引申指"财物",《庄子》里有"是故生无爵,死无谥,实不聚,此之谓大人名不立"。高诱注为"实,财也。"又由于"实"是指财物充满了屋子,所以"实"还衍生出"充实"的义项。明代马中锡的《中山狼传》里记有"乃出图书,空囊橐,徐徐焉实狼其中"就是这个义项的体现。

金文

小篆

楷书

因为"实"描绘的是财物充满房间,是看得见摸得着的富裕,所以"实"又作为"实际"、"真实",确有其事、确有其物的义项存在。《广雅》讲,"实,诚也。"《韩非子·主道》说,"虚则知实之情,静则知动者正。"都是"真实存在"的意思。

在今天我们常说的"实际情况"就是客观存在的情况,而所谓"实践"在字典中的解释是改造社会和自然的有意识的活动。至于"实践是检验真理的唯一标准"这句耳熟能详的论断,已经在过往的三十年间成为响彻中国内地的最强音。一段时间以来也是衡量政治正确的理论标杆,在中国现代化的进程中出于"仓廪实而知礼节"的逻辑,中国人务实地开始资本的原始积累,在这期间一切"礼节"退居其次,"实"成为动员的号角。

由于"实践是检验真理的唯一标准"被广泛的宣传,所以反推而得来的结论——"没有被实践检验或者最终检验的都不见得是真理",这样一种认识也成为一种人们的普遍理解。正是这种反推为后来者提供了无比广阔的驰骋空间,但同时由于实践的过程和成功与否的认定本身具有模糊性,所以真理的判定也开始模糊起来,"实践"这一概念成为各种势力派别团体的武器,被大相径庭的诠释着,由此不得不让世人警醒的是:"实践是检验真理的唯一标准"向"实力是检验真理的当下标准"的过渡。

说文解字,今天就到这儿,我们下期再见!

小

中国字，天下事，欢迎来到说文解字，我是丑婧。说文解字，今天我们来解一个"小"字。

"小"往往和"大"相对，我们常用它作形容词，虽然词性相同，但放在不同的语境里，"小"的感情色彩，差异很大。比如小动物、小家伙儿、小不点儿，通过"小"传达着一种可爱的意思。而孔夫子说的"远之则怨，近之则逊"的小人，则暗含着一种鄙视的意味。小可以是"小巧"也可以是"狭隘"，可以是短小精悍也可以是目光短浅。"小"字，有大学问。

"小"是个会意字。东汉许慎的《说文解字》里讲，"小，物之微也。"在甲骨文里，"小"就像是小雨滴——三个小雨点儿，可以理解为托雨点之微小，来表达微小的意思，这也是"小"的本义。在现代汉语词典里，小的解释主要有这样几项：面积、体积、容量、数量、强度、力量不及一般或不及所比较的对象，与"大"相对。比如小雨、矮小、短小精悍；范围窄，程度浅，性质不重要。比如小事、小打小闹；再有可以形容时间短，如小坐、小住。还可以指幼小。

除了这些基本的意向，"小"还有很多约定俗成的用法。比如作为文学体裁的小说，其实小说这个词最早出现在《庄子·外物》篇。本义是指浅薄琐碎的言论。《汉书·艺文志》把小说家列在最末一等，足可以说明它的地位其实是很低的。凡是杂七杂八的作品都被称为小说。先秦的神话传说、魏晋的志怪、唐代的传奇都归属于小说。直到宋代有了平话，小说才独立出来作为故事性文体的专称。也是到了近代，在文学样式里才拥有崇高的地位。

甲骨文

小篆

楷书

此外，我们谈到时间常用小时的概念。那为什么我们要说"小时"呢？这是因为我们的祖先把一昼夜的时间是均匀的划分为十二个时段的，每个时段叫一个时辰。并且用十二个地支和十二个时段相配，分别叫子时、丑时、寅时、卯时等等。到了近代人们把一个时辰分为两段，就是两个小时辰，所以称为小时。在古典文学作品中，提到的时辰不是小时，换算一下，说一个时辰功夫就是过去了两个小时。

小说是一种艺术范畴里的文学样式，小时是个时间概念，在社会层面，"小"也有涉足，比如我们现在依然会在官方媒体里听到的"小康"。

其实小康是一个古已有之的概念，作为一种社会模式，小康最早在西汉《礼记·礼运》中得到系统的阐述，它是一种仅次于"大同"的理想社会模式。相对于"大道行也，天下为公"的大同社会，是"大道既隐，天下为家"的理想社会的初级阶段。在上世纪末，"小康"这一概念被中共领导人邓小平用以解释四个现代化的中国社会，其实在那个时代背景下，小康里的"小"某种程度上和"大跃进"里的"大"形成了鲜明的对照，是一种理性和进步。

在今天我们讲"小"字，也引申到了很多大概念。小和大相对，很多人说不要小题大做，其实很多事情看似很小却大有文章，或者说责任重大。因为大众是由小民组成的，小民的吃饭、喝奶、穿衣、治病看似小题，却都有大做的必要。全民的小康才是社会的小康，一部分先富起来暗含的是另一部分人虽然晚，但也能富起来，泱泱大国富强与否，要看升斗小民幸福与否。

说文解字，今天就到这儿，我们下期再见！

中国字，天下事，欢迎来到说文解字，我是庄婧。说文解字，今天我们来解一个"孝"字。

"孝"是中华民族的传统美德，尊老爱幼、孝敬长辈作为一种道德伦理深植于国人心中。即使朝代更迭、世事无常，"孝"的观念依然在中国社会中，占据着极其重要的地位。那么这样一种伦理观念怎样在古老的汉字中，表达和传承下来的呢？让我们来观察"孝"字的甲骨文字形。

在甲骨文里，"孝"的字形就像一位长着长头发的老人。

在金文里，"孝"分为上下两部分，上半部分是面朝左长着长发的驼背老人，下半部分是"子"，就是小孩儿的意思。字形的整体描画了这样一幅画面。老人的手按着小孩儿的头，或者是小孩儿扶持着老人向前走。小篆和金文基本相似，只是老人的手不太形象了。"孝"的本义是对老人孝顺。《礼记》中说："凡为人子之理，冬温而夏清，昏定而晨醒。"这句话的意思是说，人子孝顺父母，冬天温被使暖，夏天扇席使凉，晚间服侍就寝，早上省视问安。汉武帝曾宣称"天下孝子顺孙，愿对竭尽以承其宗。""孝"这一道德规范在中国古代享有非常高的地位。

《左传·文公二年》中有："孝，礼之始也。"

那么孝的这种意识起于何时呢？总结起来主要有这样几种说法：一种说法是起于周代，一种说法是起于殷代，也有人认为"孝"的意识不仅始于父系氏族公社而且成熟于父系氏族公社时期。不过相比较来说，较为可信的说法是，"孝"的观念至少在西周时已广为歌颂，因为在西周金文里、《周书》、《诗经》中已经出现了大量关于孝的故事的记载。

甲骨文

金文

小篆

孝

楷书

《说文解字》说，"孝，善事父母者。"许慎的解释是符合最初"孝"的观念的。古时候"孝"的内容包含两个方面，一是对活着父母的孝，一是对已故父母或祖先的孝。对在世父母的孝主要包括奉养、尊敬、服从等等。对于已故父母及祖先的孝，通常又叫追孝。"追孝"被认为是对在世父母孝的延伸，内容则指向继承祖先的事业，按祖先的办法办事，这样才能使后代兴旺发达。孔子要求自己的学生"其为人孝悌"，"弟子入则孝，出则悌"也就是说要把孝顺父母、尊敬兄长的道德修养放在学业的首位。

在《孝经》里明确提出："夫孝，德之本也，教之所由生也，身体发肤，受之父母，不敢毁伤，孝之始也。立身行道，扬名后世，以显父母，孝之终也。"在这里就把孝与立身扬名、光宗耀祖联系起来了。而这一观念对后人产生了深远的影响，构成了"孝"的一个重要特征。

在中国史书的里留下了太多有关孝的故事，在汉代出任官员要"举孝廉"，就是说任命官员"孝不孝"是一个很重要的标准。当然，今天我们讲"孝"这个字，也并非要将史书典故中所有的"孝"都继承下来，在这些记载中也不乏极端的例子，可能并不是人道和理性的。但是通过古人对孝这样一种道德规范的推崇，我们至少可以看出，古代社会对于人的评价标准在道德层面的重视程度。古今对照，道德尺度的权衡在今天的社会占据一个怎样的位置呢？在我们对一个人进行价值评判的时候，它的分量有多重呢？是否出现了道德衡量的缺位？是否演化成了一种强权崇拜？我们的道德常识在何处？这或许是我们回顾先人伦理观念时应该进行的思考。

说文解字，今天就到这儿，我们下期再见！

中国字，天下事，欢迎来到说文解字，我是庄婧。说文解字，今天我们来解一个"新"字。

"新"是个常用字，而且"常用常新"。与旧相对照，我们说推陈出新、除旧迎新，如果将"旧"解释为固有的观念，"新"则代表了开化与新生，往往带着激进的锋芒。在中国的历史上，有王莽改制创立的新朝，有清朝末年的百日维新，有影响深远的新文化运动，在改革者的笔端"新"是希望，新是动力，"新"是一种可能性。今天我们就来追本溯源的看看这"新"字最初的形态。

"新"是个会意字。甲骨文是这样写的，左边是辛苦的"辛"，指从树木上劈砍下来的楔形木块，右边是一把锋芒毕露的横刃斧头。意思是，用斧头劈砍出"辛"来，砍下来的树木新的横断面就是"新口"，最早古人就利用这"新"的横断面来表示新旧的"新"。在金文里，斧头变成了"斤"字。在小篆里，"辛"的下面变成了木形。到了隶书的时候，和我们今天写的"新"字已经大体相同了。新字最早义项是"薪柴"。后来由此引申为"改旧"、"更新"。当"新"被借用为新旧的"新"讲之后，当柴火讲的"新"便加上了一个草字头成为了我们今天看到的薪柴的"薪"。

在今天，"新"独立表达"初始的，没有用过的"这一和旧相对的概念，在20世纪这一人类除旧更新大变动，不断做着社会实验的百年里，中国的历史轨迹上也不乏以"新"为人瞩目的历史瞬间。其中尤为突出的是堪称近代中国创新强国开端的就是1898年的戊戌变法，也就是清末光绪年间的"百日维新"。在中日甲午战争后中国的民族危机日

甲骨文

金文

小篆

隶书

益严重，当时被称为维新派的康有为、梁启超、谭嗣同、严复等希望按照西方国家的模式，推行政治、经济改革，争取国家富强。维新派在各地组织学会，创办报刊，设立学堂，宣传变法主张，受到少数官僚的赞助。光绪接受维新派改革方案，1898年6月11日颁布"明定国是诏"，宣布变法维新。在103天里颁布数十条维新诏令。新政主要内容为倡办新式企业、奖励发明创造；设铁路、矿务总局；废除八股，改试策论，提倡西学；裁汰冗员，削减旧军，重练海陆军等。但这一次"新"的尝试被垂帘听政的慈禧无情打断，9月21日慈禧太后发动政变，囚禁光绪帝，逮捕维新派。康有为、梁启超逃亡国外，谭嗣同、康广仁、林旭、刘光第、杨锐、杨深秀等"六君子"被杀害。新政全部取消，"百日维新"宣告失败。

其实对于多灾多难的中国人民来说，"新"并不陌生，以百日维新失败为开端，20世纪的神州大地上，最新的政治主张和社会学说于此都进行了大规模的试验，君主立宪的尝试失败，社会改良主义未来得及大面积推行就被历史的洪流冲断，高歌猛进的无产阶级革命一度让中国人看到了理想的乌托邦之城，当中华人民共和国走到耳顺的年龄，似乎我们该为这"新"做一个更为详尽的定义了。

说文解字，今天就到这儿，我们下期再见！

中国字，天下事，欢迎来到说文解字，我是庄婧。说文解字，今天我们来解一个"永"字。

"永远"是我们日常口语中以"永"字构词应用最多的词汇，"永远"就是永久长远。在人们平凡的生活中，常常许以"永远"的誓言，或是形容恩爱之情天长地久，或是比喻志向坚定不再改变、永志不忘。"永"近似于一个最高级，是一个很决绝的字眼，它是长久期盼也是一种矢志不渝的诺言。但是这样一个抽象的意思，古人是怎样把它通过汉字具象的表现出来的呢？回到它甲骨文的字形，我们来一探究竟。

在甲骨文中，"永"字看上去像一个人潜行在水中。在金文和小篆里，"永"字字形变化不大，东汉许慎的《说文解字》里解释说，"永，水长也。"意思是说，"永"的本义就是"水流长"，像水的直流和波纹漫长的样子。在《诗经·周南·汉广》中说："江之永矣，不可方思。"意思是长江太长了，是无法绕过去的。所以，"永"的本义就是水流漫长，进而延伸指时间和空间上的"长久"。在《诗经·卫风》中还写道："投我以木瓜，报之以琼琚。匪报也，永以为好也。"意思是说，他送我木瓜，我拿美玉回报他。不是为了回报，是求永久相好呀！清代林觉民在《与妻书》中写"与汝永别"就是再也见不到了，"永"是"永久"的意思。

在宗教语境里常有"永生"这一概念，佛教认为人生死轮回，永无绝灭，取不灭之义，称为"永生"。唐代僧人善导在《观经疏玄义分》里说，"开示长劫之苦因，悟入永生之乐果。"而基督教则认为信教者死后，灵魂升入天堂，

甲骨文

金文

小篆

隶书

永享福乐，以此称之为"永生"。巴金先生在《春》中写道："她好像就立在天堂的门前，一举步便可以得到永生的幸福一样。""永生"在现实生活中也常常成为人们的梦想，希望获得永久的生命。由于"永"字有"长久"的意味，所以历代君王有不少喜欢用"永"字做年号的，比如汉元帝年号叫"永光"，汉和帝年号为"永元"，而明成祖朱棣年号为"永乐"，著名的《永乐大典》即编纂于这一时期。之所以用"永"字做年号，其实非常直白地表露出统治者希望"长治久安"的愿望，中国古代向来称君主为"万岁"，无非也是一国之君向往"永生"而能够"永治天下"。可是人的生命自有其科学的规律，生老病死王侯将相庶民百姓没有不同。对于生命的"永久"无论怎样呼喊也只能停留在期望的层面，不过历代帝王的事业功绩、政府的施政修为却是影响后世可以"永垂青史"的。所以古人讲"慎身修永"，为长治久安而真诚修身。唐代大诗人杜甫写"古人日以远，青史字不泯"也是这个意思。

孔子讲"逝者如斯夫"，"永"字恰恰就是一个在江河中戏水游泳的人，面对日日夜夜奔腾不止的江水，人的生命只是那短暂的一瞬间。"中流击水"、"浪遏飞舟"，那一番风光旖旎的潇洒，历代帝王将相、乱世枭雄、治世能臣、豪杰领袖都曾有过，只是身后之事、未竟之业能否"永久"，只能待后人评说了。

说文解字，今天就到这儿，我们下期再见！

中国字，天下事，欢迎来到说文解字，我是庄婧。说文解字，今天我们来解一个"金"字。

"金"在世人的眼中向来是金贵的，人们首先想到的就是金光灿灿的黄金，价值连城被人追逐，代表着财富的荣光。因为珍贵稀有所以"金"地位崇高，人们称那些具有权威性不容置疑的话为金口玉言，称考试中取得优异的成绩为金榜题名，在体育比赛中夺得冠军获得的是金牌。在今天的经济生活中，金更是俯拾皆是，基金、金融等曾经为人陌生的词汇，如今却成了普通百姓的日常用语。那么现在我们就来分析一下作为汉字的"金"，它的原貌和一路走来语义演变的痕迹。

人们一提到"金"，自然就知道是指一种极贵重的金属——黄金。然而，金的本义却不是指黄金，而是金属的总称。"金"最早见于金文，金文中的金指的就是青铜，因为商周时期铁的冶炼还没有开始，人们使用的器具均为青铜器，青铜范畴的制品主要有钟、鼎和祭器等。刻在钟鼎上的文字就被称为"金文"，金文是继甲骨文之后在我国兴起的又一种汉字字形。在金文中，金的字形由几部分构成，是一个会意字。上部形象的描画了一个"盖儿"，下面的"土"表示在土下，两点代表藏在土下的矿物。小篆是这样写的，为了匀称，两点一左一右分在左右两边。

《荀子·劝学》中有："锲而不舍，金石可镂。"意思是用刀刻物，不停地刻下去，即使是金属和石头也能雕刻成功。《尚书·禹贡》记载："厥贡惟金三品。"金，也是泛指金属。三品就是金银铜。"金"在古代被用作货币使用，比如在《战国策·秦策》中，苏秦的嫂子对苏秦前倨后

甲骨文

金文

小篆

楷书

恭，自己说是因为苏秦现在"位高而多金"，也就是地位尊崇钱财多的意思。

其实这样一种"趋炎附势"的行为往往为人所不齿，但是当社会风气使然就令人多少有些无奈了。在当代中国，曾经一度将批判的矛头指向金钱至上论的"拜金主义"，所谓拜金主义，就是盲目崇拜金钱、把金钱价值看作最高价值，一切价值都要服从于金钱价值的思想观念和行为。批判拜金其实针对的是由其引起的政治腐败以及道德的沦丧。然而这样一个词汇在今天却似乎不再具有强烈的贬义色彩了，在消费主义的诱使下，人们欲望膨胀对金钱的需求也就扩张开来。加之在日常语境下追求利益最大化的强势导向，使得拜金主义甚至成为某些人的彪炳。"拜"成了一种价值认同，"金"成了地位和身份的标志。只要获取渠道正当合法或者未被发现违法，遵从物质价值就具有了天然的正当性。"拜金"甚至成了一种积极的人生态度。因此"拜金主义"这个词在近十年的中国社会几近消失，慢慢变得无人问津了。

当我们谈尊重人性的时候，往往涵盖着尊重人的利己性，尊重人的一种普遍的欲望需求，但是一个文明的社会一定不仅仅建立于此，它一方面尊重人的基本权利，一方面更应将社会中的人引向一种更高的人性追求，道德崇高从来不该被判为奢侈，否则等同于动物的占有性就成了我们生活的唯一属性了。

说文解字，今天就到这儿，我们下期再见！

把金钱价值看作最高价值

索引

B
宝 ………… 43
北 ………… 91
闭 ………… 101
兵 ………… 31
秉 ………… 103
补 ………… 105

C
草 ………… 45
茶 ………… 47
常 ………… 73
车 ………… 49
尘 ………… 69
臣 ………… 29
赤 ………… 167
出 ………… 107
寸 ………… 89

D
道 ………… 51
德 ………… 33
典 ………… 53
多 ………… 169

F
发 ………… 7
飞 ………… 109
分 ………… 111
父 ………… 27
妇 ………… 25

G
戈 ………… 55
歌 ………… 35
工 ………… 75
弓 ………… 57
关 ………… 59
国 ………… 37

H
海 ………… 71
寒 ………… 171
好 ………… 173
鹤 ………… 79
弘 ………… 175
后 ………… 23
虎 ………… 81
回 ………… 113

J
教 ………… 115
金 ………… 199
久 ………… 177
觉 ………… 117

K
客 ………… 21

L
牢 ………… 77
老 ………… 179
李 ………… 95
令 ………… 99
龙 ………… 83
鹿 ………… 85

M
美 ………… 181

梦 39
眸 5

N
念 119

Q
妻 19
弃 121
钱 61
穷 183
取 123

R
仁 185

S
删 125
闪 127
尚 129
身 11
审 131
生 133
圣 187
实 189
士 17
首 3
束 135
司 137
思 139
寺 63
随 141

T
谈 143

剃 145
童 15

W
王 13
网 65
威 165
文 41
闻 147

X
夏 93
小 191
孝 193
写 149
新 195
兴 151
刑 67
羞 163

Y
言 153
燕 87
医 155
议 157
印 159
永 197
御 161

Z
掌 9
朱 97
自 1